SV

Jorge Semprun
Überlebensübungen

Erzählung

Aus dem Französischen
von Eva Moldenhauer

Suhrkamp

Titel der Originalausgabe: *Exercices de survie*.
Paris, Éditions Gallimard 2012

Erste Auflage 2013

Satz: Hümmer GmbH, Waldbüttelbrunn
Druck: Druckhaus Nomos, Sinzheim
Printed in Germany
ISBN 978-3-518-42384-4

Überlebensübungen

I

… ohne es zu wollen, alles mit der Folter
vergleichend …

Aragon, *Chanson pour oublier Dachau*

Ich saß im getäfelten, unaufdringlichen und günstigen Halbdunkel der nahezu menschenleeren Bar des Lutetia. Aber es war die falsche Uhrzeit; ich meine die Uhrzeit, hier in der Menge zu sein, die Uhrzeit, hier erwartet zu werden oder auf jemanden zu warten. Im Übrigen wartete ich auf niemand. Ich war gekommen, um entspannt einige Phantome der Vergangenheit heraufzubeschwören. Darunter vermutlich das meinige: das verfügbare junge Phantom des alten Schriftstellers, der ich geworden war.

Das Alter, die Endlichkeit waren natürlich vorhersehbar, von Anfang an der gemächlichen oder unheilvollen Banalität des Laufs der Dinge eingeschrieben. Keinerlei Überraschung, es endlich erreicht zu haben, auch kein Verdienst. Ein wenig Überdruss zuweilen, zugegeben. Auch Erstaunen, manchmal fröhlich, erregend, oder im Gegenteil gereizt, melancholisch, so viele Gelegenheiten verpasst zu haben, jung zu sterben.

Aber Schriftsteller? War das in der fernen Zeit, die ich heraufbeschwor, wirklich so evident? Damals stand ich eher vor der radikalen Unmöglichkeit, sogar der Anstößigkeit des Schreibens.

Ich saß also in der Bar des Lutetia, ich wartete auf niemand.

Ich hatte lediglich den Wunsch, mein Dasein zu erproben, es auf die Probe zu stellen.

Früher war das Lutetia ein Ort, den es zu meiden galt. Ich spreche natürlich von der Zeit der Besatzung. Und das Lutetia war gewiss nicht der einzige Ort, den es zu meiden galt. Es gab noch viele andere in der Pariser Topographie.
Häufig Hotels. So das Majestic in der Avenue Kléber.
1943, dem Jahr meiner zwanzig Jahre, Anfang jenes Jahres, durchstreifte ich häufig dieses Viertel. Ich kam zum Beispiel von der Avenue Niel, um an der Étoile oder, besser, an einer anderen Station in der Gegend die Metro zu nehmen. Wenn möglich musste man die Étoile meiden, es gab dort häufiger als anderswo Ausweiskontrollen. Oder ich verließ eine dieser Stationen und ging zur Avenue Niel. Manchmal, wenn das Wetter schön und die Laune gut war, nahm ich das Fahrrad. In diesem Fall mied ich auf dem Rückweg in mein Viertel des Panthéon ebenso wie auf dem Hinweg das Majestic in der Avenue Kléber.
Doch welches Fortbewegungsmittel ich auch nahm, am Ende genügten einige hundert Meter vorgetäuschten Flanierens, um mich zu vergewissern, dass niemand mir folgte. Denn ich war auf dem Weg zu Henri Frager, zu »Paul«, dem Chef von Jean-Marie Action, meinem Buckmaster-Netz. Oder ich kam von einem Treffen mit ihm.
Ich musste an einem bestimmten Wochentag zu einer bestimmten Uhrzeit am Vormittag auf ihn warten, auf dem Trottoir mit den ungeraden Hausnummern der Avenue Niel, genau zwischen der Nummer 1 und der Nummer 7, gegenüber den Magasins Réunis, heute der FNAC.
Wenn er allein war, blieb er stehen, ich sprach mit ihm, wir erledigten rasch, was es zu regeln gab und was ganz

einfach sein konnte: ein ausgeführter Auftrag, über den ich ihm kurz berichten musste; ein auszuführender Auftrag, den er mir in groben Zügen erläuterte: Einzelheiten würden folgen, auf anderen Wegen übermittelt werden. Lauter banale Dinge.
Wenn »Paul« nicht allein war, ließ ich sie vorbeigehen, ihn und seinen Begleiter oder seine Begleiterin. Nachdem ich sie passiert hatte, musste ich ein paar Dutzend Meter weitergehen und dann langsam umkehren.
Es war keine übertriebene Vorsicht. Einem lauernden oder einfach an den Bewegungen auf der Straße interessierten Auge hätte dieses Manöver auffallen können, dieses ständige Hin und Her, die wechselnden Gesprächspartner ein und derselben Person. Doch mit einer übertriebenen Vorsicht wären die Dinge zu schwierig, zu kompliziert zu organisieren gewesen. Übertriebene Vorsicht war damals nicht unsere Stärke. Das zeigt die an häufig dramatischen, bisweilen komischen Beispielen reiche Geschichte der Résistance.
Jedenfalls hätte übertriebene Vorsicht geraten, gar nichts zu tun und auf bessere Tage zu warten.
Manchmal erwies es sich als notwendig, das Gespräch zu verlängern, wenn die zu erledigende oder zu besprechende Sache komplexer oder kniffliger war. Dann gingen wir auf ein Glas in ein nahes Bistro, das Frager aussuchte. Immer entschied er, wie vorgegangen werden sollte.
An jenem Tag in der Bar des Lutetia erinnerte ich mich, bewusst auf der Suche nach mir selbst, an eine der ersten Male, als ich zu Beginn meiner Arbeit für Jean-Marie Action Frager begegnet war. Er hatte mich zu einem

stattlichen Gebäude bei der Porte des Ternes gebracht. Er hatte mir gesagt, in welchem Stockwerk ich, zehn Minuten nachdem er selbst eingetreten sei, klingeln sollte, welchen Namen eines Mieters ich der Concierge nennen und, gegebenenfalls, welche Losung ich der jungen Frau sagen sollte, die mir die Wohnungstür öffnen werde.
Ich war durch dieses schöne Viertel flaniert. Ohne Buchhandlungen zogen sich die Minuten leider in die Länge. Ich hatte keinen Namen zu nennen brauchen, da keine Concierge von meiner Anwesenheit beunruhigt war. Dagegen hatte ich einer blonden jungen Frau deutlich die Losung gesagt. Sie hatte mich in ein leeres Zimmer gebeten. Es war leicht zu erraten, dass es der Warteraum eines Arztes auf dem Höhepunkt seiner Karriere war: die Zahl und Anordnung der bequemen Sitze; die Zeitschriften auf einem Tisch, die bronzenen Tierfiguren auf Konsolen; einige aus meiner Sicht uninteressante, aber sicher teure, vielleicht sogar wertvolle Gemälde an den Wänden, Perserteppiche, und so weiter.
Aber Henri Frager ist hereingekommen und hat die junge Frau gebeten, bei uns zu bleiben. Dann ist noch ein Typ aufgetaucht und hat sich wortlos hingesetzt.
Ihn kannte ich vom Sehen. Ich hatte ihn mehrmals im Umkreis von Frager in der Avenue Niel bemerkt. Vermutlich ein Mitglied des Netzes, das für den persönlichen Schutz unseres Chefs sorgte. Ein junger Mann, sehr blond, sehr schön: blendende Erscheinung. Seine Tweedjacken, obwohl abgewetzt, stammten sichtlich von den besten Schneidern. Manchmal hatte ich mich gefragt, welche Waffe er wohl trug, wo er sie verbarg.

Ein paar Monate später, während einer Fahrt zwischen Montbard und Auxerre, hatten wir nach einem Fallschirmabwurf einige Stunden zusammen verbracht, ein paar Vertraulichkeiten ausgetauscht. Im Winter trug er eine Sten-Maschinenpistole ohne ihren abnehmbaren Kolben unter seinem Trenchcoat; im Sommer eine Faustwaffe unter der Achsel, eine Neun-Millimeter-Automatik.

Damals hat er gelächelt, verschwörerisch und überlegen zugleich, und mir kurz zu verstehen gegeben, dass er mehr über mich wisse als ich über ihn.

Was nicht schwer war, denn ich wusste wirklich nichts über ihn.

»Eine sehr schöne Astra-Pistole«, sagte er, »die aus Spanien kommt, genau wie Sie!«

Ich nickte.

»Der tatsächlich aus Eibar kommt«, antwortete ich, »im Baskenland. Die erste Stadt, in der nach den Kommunalwahlen im April 1931, die sich zur Volksabstimmung gegen die Monarchie verwandelt haben, die Republik ausgerufen worden ist!«

Er hat das Gesicht verzogen und mich von Kopf bis Fuß gemustert.

»Die Republik ist nicht gerade meine Lieblingsspeise!«, verkündete er.

Ich antwortete, das überrasche mich nicht.

Er wunderte sich über meine Bemerkung. Und warum? Aus welchem Grund? Es sei schwierig, es rational zu erklären, sagte ich, eine Art Intuition.

»Sie sehen eher aus wie ein Leser von Joseph de Maistre

oder Maurras ... Bestenfalls von Bernanos! In der Poesie eines Verehrers von Patrice de La Tour du Pin!«

Es war ziemlich bösartig, ihm mit diesem Dichter zu kommen. Für mich verkörperte er einen ebenso schicken wie altmodischen Manierismus. Aber er war in Lachen ausgebrochen, ein wirklich hemmungsloses, befreites, irres Gelächter. Das jäh abbrach. Dann gestattete er sich eine freundschaftliche Geste und legte mir seine rechte Hand auf die Schulter. Und er rezitierte, übrigens nicht schlecht, ohne Emphase:

Cette odeur sur les pieds de narcisse et de menthe, / Parce qu'ils ont foulé dans leur course légere / Fraîches écloses, les fleurs des nuits printeanières / Remplira tout mon cœur de ses vagues dormantes ...

Er unterbrach sich, sah mich an, mich zweifellos herausfordernd.

»*Laurence endormie*«, sagte ich.

Ich hatte den Eindruck, dass er überrascht war, vielleicht sogar genervt.

Es war mir egal, meinerseits setzte ich den Vortrag fort:

Et peut-être très loin sur ses jambes polies, / Tremblant de la caresse encore de l'herbe haute, / Ce parfum végétal qui monte, lorsque j'ôte / Tes bas éclaboussés de rosée et de pluie ...

Er lachte, noch immer überrascht, aber jetzt sichtbar glücklich.

»Meine Verlobte heißt Laurence«, sagte er.

Auch das junge Mädchen in der Comédie-Française hieß Laurence.

Dort wurde an jenem Abend im Frühjahr 1943 *Bérénice* gespielt, einige Zeit vor der erwähnten Fahrt zwischen Auxerre und Montbard. Sie saß im Parkett, zwei Reihen vor mir, ein wenig nach links versetzt. Sie hatte mir ihr Gesicht zugewandt, als die Schauspielerin, die die Bérénice gab – und die weit über das Alter der Rolle hinaus war, aber wunderbar die Alexandriner sprach –, gerade einige der schönsten Liebesverse der französischen Sprache rezitierte.
In diesem Augenblick hatte Laurence, da es eine Laurence geben sollte, den unschuldigsten und verheißungsvollsten Blick, der sich vorstellen lässt: ein Wunder an Unschuld und verwirrter Weiblichkeit.
Ich meine, verwirrender.
Und im Laufe der herzzerreißendsten Strophen von *Bérénice*, in ihrem Licht, hatten wir bis zum Ende der Vorstellung Blicke ausgetauscht, so wie man Wein, Bücher und Rosen austauscht oder, ganz im Gegenteil, die Einsamkeit, einen Tod, die Verzweiflung.
Ich hatte am Ausgang auf sie gewartet, und sie war darüber nicht verwundert gewesen. Kurz, sie hatte nichts dagegen, dass ich sie nach Hause begleitete.
Aber damals, im Sommer 43, zwischen Auxerre und Montbard, hatte ich »Trancrède« – großer Gott, was für ein verräterisches Pseudonym! – die Fortsetzung dieser Geschichte nicht erzählt, und ich werde sie auch jetzt nicht gleich erzählen.
Jedenfalls war das Thema, über das wir, er und ich, sprechen mussten, viel wichtiger, zumindest in der Abfolge der laufenden Geschichte, als der Hinweis auf Laurence:

im Übrigen unsere beiden Laurence, seine Verlobte und meine hübsche Gefährtin für kurze Zeit. Wichtiger, dringender als die Erinnerung an jenen Abend nach der Comédie-Française, an dem meine Laurence und ich beschlossen hatten, die höfische Liebe neu zu erfinden. Auf meine Kosten, kurz gesagt.
Mein Streit mit »Tancrède« betraf nämlich den Fallschirmabwurf von Waffen. Oder besser das spätere Schicksal der von den Briten für Jean-Marie Action mit dem Fallschirm abgeworfenen Waffen. Einige von uns meinten, dass die Behälter, die wir, den Weisungen aus London folgend, den Anführern der Geheimarmee lieferten und die von diesen gelagert wurden, allzu oft in die Hände der Gestapo oder der Feldgendarmerie fielen, noch bevor sie für irgendetwas Nützliches eingesetzt werden konnten. Einige von uns schlugen vor, man solle wenigstens einen Teil der Waffen und des Sprengstoffs an die Gruppen der FTP aushändigen, die sie bestimmt nicht in geheimen Depots verrosten ließen. Wie man sich denken kann, warf das politische Probleme auf.

Jahre, vielmehr Jahrzehnte später, in Autheuil-sur-Eure, während eines Wochenendes, das wir bei Montand und Signoret verbrachten, verkündete uns Simone, dass die Dewavrins am nächsten Sonntag zum Essen kämen. Mit einem Lächeln in der Stimme bat sie die Jüngsten der Hausgemeinschaft, nicht allzu verdreckt zu erscheinen und sich bei Tisch anständig zu benehmen.
Dewavrin war natürlich »Passy«, Oberst Passy, der ehemalige Chef des BCRA des Freien Frankreichs.

»Ah« hatte ich ausgerufen. »Da kann ich ihn fragen, warum die 1943 in den Départements Yonne und Côte-d'Or mit dem Fallschirm abgeworfenen Waffen nicht an die Gruppen verteilt wurden, die wirklich kämpften, warum sie in den Depots der AS verrosteten, die die Gestapo eines nach dem andern entdeckte!«
Denn im September 1943, als ich verhaftet wurde, besaßen die Deutschen sämtliche aus unseren Depots geklauten Sten-Maschinenpistolen, die sich viel besser handhaben ließen als die schweren Dinger ihrer eigenen Armee.
Es kam zu einer Diskussion. Die Jungen, die mit uns bei diesem Essen in Autheuil-sur-Eure am Tisch saßen – Catherine Allégret, Jean-Claude Dauphin, Dominique Martinet, Claude Landmann, Jean-Pierre Castaldi, Alain Dhénaut, Jean-Louis Livi, wie ich mich zu erinnern glaube –, haben Fragen gestellt, um Erklärungen gebeten. Der restliche Abend verging damit, ihnen die Zeit der Résistance in Erinnerung zu rufen.
Am nächsten Tag also waren die Dewavrins da und teilten das Familienmahl: Simone hatte Marcelle gebeten, die kleinen Teller auf die großen zu stellen. Als die allgemeine Unterhaltung einen fröhlichen Kreuzfahrt-Rhythmus erreicht hatte, erklärte Simone plötzlich, mit dem gierigen Blick, der häufig ihre mörderischsten Fragen begleitete:
»Sagen Sie, Oberst, mein Freund Semprun möchte gern wissen, warum 43 die Waffen, die Sie mit dem Fallschirm abgeworfen haben, nie an die kommunistischen FTP verteilt wurden?«

»Passy« verlor nicht die Fassung, überhaupt nicht. Mit vollendeter Höflichkeit fragte er mich zuerst, mit wem ich in der Résistance gearbeitet hätte. Über diesen Punkt unterrichtet und zum Teil beruhigt – nur zum Teil, denn Jean-Marie Action war keine Organisation, die im Verdacht stand, mit den Kommunisten zu sympathisieren, gewiss nicht!, aber andererseits stand sie als Buckmaster-Netz zwangsläufig in Konkurrenz zum gaullistischen BCRA, da sie direkt von den britischen Geheimdiensten des War Office abhing –, hatte »Passy« zugegeben und die Verantwortung dafür übernommen, dass er 1943 tatsächlich seinen Agenten den Befehl gegeben habe, Waffenlieferungen an die FTP möglichst vollständig zu verhindern.

Bis 1944, sagte er, bis zur Reise de Gaulles nach Moskau, bis zur Rückkehr von Thorez aus jenem Exil, jener Straffreiheit, als dieser seiner Partei auf Stalins Rat hin – der ein Befehl war – die Entwaffnung der sogenannten patriotischen Milizen aufzwang, waren sie, die Gaullisten und de Gaulle in erster Linie, der Meinung, die PC würde nach der Befreiung eine weit radikalere Politik betreiben, eine Art Strategie der »Doppelmacht«. In der historischen Konstellation der provisorischen Leere, nach Abzug der deutschen Besatzungstruppen, und bei der Ungewissheit, die durch die alliierten Meinungsverschiedenheiten hinsichtlich der Verwaltung des befreiten Frankreichs entstanden waren, musste man auf den Versuch eines Gewaltstreichs gefasst sein.

Jahrzehnte später war die Diskussion mit Oberst »Passy« historisch und höflich gewesen, wobei der eine natürlich

den anderen mitzog. Im Übrigen konnte man im Nachhinein die gaullistischen Befürchtungen aus der Zeit der Befreiung angesichts der historischen Erfahrung in Mitteleuropa ohne weiteres verstehen.
Doch 1943, zwischen Auxerre und Montbar, nach einer Inspektionsreise vor Ort, nachdem ich »Tancrède« das traurige Los der meisten von der Geheimarmee im Hinblick auf den Tag der Landung gehorteten Waffen erklärt hatte, besaß unser Gespräch eine ganz andere Dimension.
Es war nicht entspannt, das ist das mindeste, was man sagen kann.
Es stimmt, dass dieser Oberleutnant von Frager, mutig, kultiviert, charmant – alles bis zum Wahnsinn! –, kein überzeugter Republikaner war, wenn die Verwendung der Litotes erlaubt ist. Die Republik war in der Tat nicht seine »Lieblingsspeise«, wie er selbst erklärt hatte. Paradoxerweise, zumindest auf den ersten Blick, schätzte er an der Französischen Revolution nur ihren jakobinischen Moment, also den unitarischen, zentralistischen Extremismus der Revolution, der sich dann so leicht in nationalistische und autoritäre Bestrebungen verwandelt, verkehrt hatte: zuerst imperial, dann kolonial.

Wie dem auch sei, »Tancrède« betrat den stattlichen Salon in der Avenue des Ternes an jenem Tag, an dem Henri Frager das Bedürfnis nach einem unüblichen Gespräch mit mir hatte.
Im Übrigen war ich neugierig, den Grund dafür zu erfahren.

Ich wurde sogleich in Kenntnis gesetzt: es gab keine Vorrede, keine vorsichtige oder indirekte Einleitung.
»Wissen Sie, was Sie erwartet, Gérard, wenn Sie von der Gestapo verhaftet werden? Haben Sie schon einmal daran gedacht?«
Fragers abrupte Frage traf mich nicht unvorbereitet. Ich meine: zwar war ich an jenem Morgen in dieser Form überhaupt nicht darauf gefasst, aber über diese Frage hatte ich bereits nachgedacht. Ich wusste sehr gut, dass ich höchstwahrscheinlich gefoltert würde, sollte mich die Gestapo verhaften, ob nun die deutsche oder die französische. In unseren Gesprächen fürchteten wir übrigens die französische mehr als die deutsche. Denn von allen Orten, die man in Paris meiden sollte, schien die Rue Lauriston, wo die französische Gestapo von Bonny und Lafont arbeitete, der bedrohlichste zu sein.
»Ich weiß, was mich erwartet, Paul«, hatte ich Frager geantwortet. »Ich erwarte, dass ich verhört, das heißt gefoltert werde!«
Er hatte genickt, zufrieden, sich Präliminarien, Umschweife, Umschreibungen ersparen zu können: wir kamen sofort zur Sache!
Folter, Verhör: ich hatte bereits mit den Verantwortlichen der MOI darüber gesprochen, die mich zu der Zeit »geführt« hatten, als eine Verhaftungswelle meine ersten Kontakte mit der Untergrundorganisation der spanischen KP in Paris unterbrochen hatte.
Ich hatte mit »Bruno«, mit »Koba« gesprochen.
Mit »Julia« allerdings war das Wort *Folter* nicht gefallen. Wir hatten einfacher über den Tod gesprochen. Aber »Ju-

lia« war eine Frau, eine junge Frau mit hellen Augen. Schön, sicher auch zärtlich, bei Gelegenheit: es war vorstellbar. Es fiel ihr leichter, wenn ich so sagen darf, die reine Radikalität des Todes zu erwähnen, diese absolute Realität, als das bestialische Leiden eines gefolterten Körpers.

In meiner Erinnerung sind die Gespräche mit »Bruno«, mit »Koba« über die Folter mit der Landschaft des Montsouris-Parks verbunden. Es ist anzunehmen, dass die Verantwortlichen der MOI – zumindest jene, mit denen ich zu tun hatte – Verstecke in diesem Viertel besaßen. Jedenfalls wurden meine Treffen immer im Montsouris-Park vereinbart. Es war nicht unangenehm, denn zur Zeit dieser Treffen herrschte sommerliches Wetter, zwischen dem Abbruch der kurz zuvor geknüpften Kontakte zur spanischen KP und meiner Ankunft bei Frager und Jean-Marie Action.

In meinen Erinnerungen an die MOI schien also fast immer die Sonne. Sonne und grüner Rasen, frisches Laub.

Aber Frager hatte »Tancrède« das Wort erteilt.

An jenem Tag erfuhr ich dieses pompöse Pseudonym. Das aber in gewisser Hinsicht gerechtfertigt war: mein »Tancrède« hielt sich tatsächlich für einen Kreuzritter!

Da ich nicht daran zweifelte, gegebenenfalls gefoltert zu werden, ließ er mich wissen, was ich zu erwarten hatte. Gewissermaßen hielt er eine pädagogische Rede, die in erschöpfender Weise die üblichen Methoden der Gestapo aufzählte: Schlagstockeinsatz, Aufhängen an einem an den Handschellen befestigten Seil, Schlafentzug, Badewanne, Ausreißen der Fingernägel, Stromschläge, *in crescendo*.

Es war eine abstrakte Rede; ziemlich erschreckend, aber abstrakt.

So war *Schlagstock* in »Tancrèdes« Rede zwar ein sehr präzises Wort, aber ohne Form, ohne konsistente Existenz. Ich konnte noch nicht zwischen den verschiedenen möglichen Realitäten unterscheiden, die dieses Wort, vage, zu allgemein, bezeichnete.

Denn es gab die Schlagstöcke der Polizei aus glattem Holz, einfache Knüppel; die Ochsenziemer; die Schlagstöcke aus Hartgummi, manchmal mit Blei gefüllt: diese wurden, wie ich später erfahren sollte, von den Unteroffizieren der SS in Buchenwald bevorzugt, die berüchtigten *Gummis*; aber auch die britischen Schlagstöcke, die in Waffencontainern mit dem Fallschirm abgeworfen wurden, sehr nützliche Geräte aus mattem Stahl, die man auseinanderklappen musste, in der Stille der Nacht leicht zu handhaben, um die Wachposten der Wehrmacht niederzuschlagen, die die Schleusen des Burgund-Kanals bewachten, die wir sprengen würden; englische Schlagstöcke, von der Gestapo in den Depots der passiven Geheimarmee gefunden und gegen uns verwendet.

Schlagstock also war im Mund von »Tancrède« in seiner erschöpfenden Aufzählung ein sowohl klares als auch undeutliches Wort gewesen: wir befanden uns noch im Bereich des objektiven Idealismus!

Später, in Auxerre, in der Gestapo-Villa, wurden Wörter und Dinge konkreter. Sehr schnell lernte ich die materielle Realität der verschiedenen Schlagstockarten zu unterscheiden. Denn der Schmerz, den sie hervorriefen, war sehr verschieden, einzigartig. Anhand der Elle jedes

Schmerzes konnte ich ohne weiteres feststellen, mit welcher Sorte ich es zu tun hatte.
Der trockene, stechende, aber kaum anhaltende, flüchtigere Schmerz des Holzschlagstocks ließ sich nicht mit dem dumpfen, beim Aufprall erträglicheren, aber sehr viel tieferen und dauerhafteren Schmerz des Gummiknüppels vergleichen, vor allem wenn es sich um einen einfachen bleigefüllten Ochsenziemer handelte.
Zweifellos ist es immer besser zu wissen, woran man sich zu halten, was man zu erwarten hat. Es ist zweifellos besser zu wissen, sich keine Illusionen zu machen. Aber es löst nicht das Wesentliche, denn der Körper weiß es nicht. Der Körper kann nicht die antizipierte, die *a priori*-Erfahrung der Folter haben. Sogar der Körper, der Hunger, Elend gekannt hat, hat diese Erfahrung nicht, kann diese Erfahrung nicht fleischlich vorwegnehmen: die Folter ist unvorhersehbar, unvorhersagbar in ihren Auswirkungen, ihren Verheerungen, ihren Folgen für die körperliche Identität.
Niemand kann eine mögliche Revolte seines Körpers gegen die Folter voraussehen noch sich gegen sie wappnen, die scheinheilig – bestialisch – von deiner Seele, deinem Willen, deinem Ich-Ideal die bedingungslose Kapitulation verlangt: eine schmachvolle, aber menschliche, allzu menschliche.
Dann ist es unmenschlich, jedenfalls übermenschlich, seinen Körper zu einem endlosen Widerstand gegen das endlose Leiden zu zwingen. Seinem Körper, der sich nach nichts anderem als nach dem Leben sehnt, und sei es entwertet, elend und voll demütigender Erinnerun-

gen, die glatte, eisige Perspektive des Todes aufzuzwingen.
Der Widerstand gegen die Folter, selbst wenn sie letztlich eine Niederlage bedeutet – ob sie nun Stunden, Tage, Wochen dauert –, ist ganz und gar von einem unmenschlichen, übermenschlichen Willen durchdrungen, mehr noch, von einem Willen nach Überschreitung, nach Transzendenz. Damit sie einen Sinn hat, fruchtbar wird, muss man in der entsetzlichen Einsamkeit der Marter das Wir-Ideal postulieren, eine unaufhörlich zu verlängernde, zu rekonstruierende, zu erfindende gemeinsame Geschichte.
Die historische Kontinuität der Gattung in dem, was sie an möglicher Menschlichkeit, Brüderlichkeit birgt: nicht mehr und nicht weniger.
Und als »Tancrède« zu sprechen aufhörte, wusste ich also fast alles über die Methoden der Gestapo, ich wusste, welche Prüfung mich erwartete, aber ich konnte mir immer noch nicht vorstellen, inwiefern diese Erfahrung mich berühren, vielleicht sogar verändern könnte. Oder mich zerstören könnte.
Man kann es nicht vorher wissen.

»Sagen Sie, Gérard, ist ›Tancrèdes‹ kurze Darstellung, seine Beschreibung der Methoden der Gestapo, Sie erinnern sich, Ihnen nützlich gewesen?«
Diese Frage stellte mir ein Jahr später Henri Frager, »Paul«, an einem Sonntag im Herbst 1944 in Buchenwald.
Es war nach dem Mittagsappell, in der Baracke der Ar-

beitsstatistik. Ich hatte ihm Kaffee angeboten, nun ja, jenes Gebräu, das aus Bequemlichkeit Kaffee genannt wurde, das aber heiß war, sein hauptsächliches Verdienst, und zuckersüß, vielmehr sacharinsüß.
Einige Wochen zuvor hatte ich genau hier, an dem langen Tisch der Zentralkartei, den Kopf gehoben. Willi Seifert, der Kapo der *Arbeit*, trat an mich heran. Hinter ihm spiegelte sich die Sonne in den Scheiben der Baracke. Auch der Rauch des nahen Krematoriums war zu sehen: an jenem Tag grau und leicht. Seifert brachte mir eine Sondernachricht der Politischen Abteilung, anders gesagt der Antenne der Gestapo in Buchenwald.
Es war eine Liste von Neuankömmlingen, etwa dreißig vorschriftsmäßig nummerierten Häftlingen, die einem besonderen Isolierblock zugeteilt werden sollten.
Ich hatte die Liste vor Augen, die Sonne schien, der Rauch des Krematoriums war leicht. Die meisten Neuankömmlinge waren Franzosen, aber es gab unter ihnen auch einige britische Namen.
Dieses simple Detail, zusammen mit der ihnen zugedachten Sonderbehandlung – Isolierung, besondere Aufmerksamkeit der Gestapo –, ließ darauf schließen, dass diese etwa dreißig Männer vermutlich Persönlichkeiten der Résistance waren, wahrscheinlich Anführer der alliierten Informations- und Aktionsnetze.
Und mitten in der Liste ist mir ein Name in die Augen gesprungen: Henri Frager, Architekt. Plötzlich erinnerte ich mich, dass ihn eines Tages – vielleicht genau an jenem Tag, an dem »Paul« mich in ein stattliches Gebäude an der Porte der Ternes brachte – jemand in meiner Ge-

genwart »Henri« gerufen hatte. War es die junge blonde Frau, die mir die Tür geöffnet hatte? War es »Tancrède«? Jedenfalls hatte jemand diesen Vornamen fallenlassen. Und dann, und hier war ich meiner Quelle sicher, hatte mich »Tancrède« auf unsere Reise durch Burgund nach dem Fallschirmabwurf wissen lassen, dass »Paul« Architekt war.

Ich hatte alle diese neuen Namen auf die Karten der Zentralkartei geschrieben. Ich hatte »Frager, Henri, Architekt« geschrieben. Ich hatte auch den Namen von Stéphane Hessel geschrieben, auch wenn ich mich nicht daran erinnere. Ich hatte zwangsläufig den Namen Hessel geschrieben, da er auf besagter Liste stand. Im Übrigen hat Stéphane Hessel in einem Erinnerungsbuch die Geschichte dieser Gruppe von Häftlingen erzählt.

Es ist eine Geschichte, die er erlebt hat: niemand kann sie besser erzählen als er. Ich werde nur meinen Senf, meine persönlichen Erlebnisse dazugeben: also wie Fabrice in Waterloo.

Über die deutschen Genossen bekam ich zunächst die Bestätigung des Status der Neuankömmlinge. Es waren tatsächlich Anführer von Widerstandsnetzen. Alle hatten dort eine erstrangige Rolle gespielt. Doch die Absichten der Gestapo ihnen gegenüber waren unklar. Warum waren sie nicht erschossen worden? Warum wurden sie zusammen untergebracht, von den anderen Häftlingen isoliert? Betrachtete man sie als Geiseln, als mögliches Tauschmittel mit London?

Jedenfalls – wieder informierte mich ein deutscher Kommunist der Untergrundorganisation darüber – hatten die

Anführer von Widerstandsnetzen angesichts der Ungewissheit ihres Schicksals während einer Diskussion mit nachfolgender Abstimmung diejenigen ausgewählt, die man um jeden Preis zu retten versuchen sollte. Diese drei oder vier, wenn meine Erinnerungen nicht trügen – auf jeden Fall Stéphane Hessel und Yeo-Thomas, ein britischer Offizier der Royal Air Force –, wurden administrativ für tot erklärt, überlebten jedoch mit der Identität ebenso vieler wirklicher Leichen jener Tage. Ein solcher Austausch von Identitäten zwischen echten und falschen Toten, der für jeden Häftling in jedem Augenblick an sich schon schwierig und riskant war, wurde theoretisch nahezu unmöglich im Fall von besonders überwachten Häftlingen wie denen in einem Isolierblock.
Dieser Kraftakt wurde jedoch von der deutschen Untergrundorganisation erfolgreich durchgeführt, geleitet von den Kommunisten, aber diesmal mittels der entscheidenden Intervention von Eugen Kogon, einem christdemokratischen Häftling, der den strategischen Posten des Sekretärs des Chefarztes von Buchenwald einnahm, des SS-Sturmbannführers Ding-Schuler, den er manchmal – vor allem seit ein Sieg der Alliierten immer wahrscheinlicher wurde –, jedoch stets unter Lebensgefahr, zu beschwichtigen, zu überzeugen oder zu manipulieren vermochte.
Nach und nach aber wurden die Häftlinge der Sonderliste, die bisher isoliert waren, aus Gründen, die uns verborgen blieben, in verschiedene Blocks des Großen Lagers geschickt und Arbeitskommandos zugeteilt.
Und eines Tages hatte ich eine neuerliche Notiz der Politischen Abteilung in die Zentralkartei zu übertragen. Der

Häftling Henri Frager war dem Block 42 zugeteilt worden. Noch am selben Abend, nach dem Appell, stellte ich mich vor ihn. Trotz seines kahlgeschorenen Schädels und seiner disparaten Kleidungsstücke erkannte ich »Paul« sofort. Er sah mir in die Augen, offensichtlich auf der Hut. Niemals habe er das Pseudonym »Paul« getragen. Er leugnete es kategorisch. Nein, er kenne diese Botschaft aus London nicht, »Pauls Möbel treffen heute Abend ein«. Er wisse nicht, dass das Fallschirmabwürfe ankündigte. Und warum auch hätte er Radio London hören sollen? Kurz, man musste ihm weit mehr Details bieten, ihm von der Avenue Niel erzählen, vom Trottoir gegenüber den Magasins Réunis, von »Tancrède«.

Da hellte sein Gesicht sich plötzlich auf, und er rief:

»Gérard, Sie sind Gérard!«

Ich war Gérard, in der Tat.

Aber sein Gesicht wurde wieder ernst.

»›Tancrède‹ ist tot«, sagte er.

Und er fügte hinzu:

»Heldenhaft!«

Mich wunderte nichts. Weder dass er tot war noch dass dieser Tod heldenhaft gewesen war.

In der lärmenden Menge von Block 42, kurz vor den Pfiffen des Lagerschutzes, die die Sperrstunde verkündeten, erzählte mir Frager von »Tancrèdes« Tod.

Einige Tage später, an einem Sonntagnachmittag, befanden wir uns in der Baracke der Arbeitsstatistik. Er fragte mich, ob »Tancrèdes« Beschreibung mir etwas genützt habe.

Ja, in gewisser Hinsicht. Dank seiner minutiösen Aufzählung hätte ich tatsächlich gewusst, was ich zu erwarten, woran ich mich zu halten hatte. Es sei immer wichtig zu wissen, was man zu erwarten hat. Aber es sei auch ein abstraktes Wissen, sagte ich.

»Jedenfalls«, kommentierte Frager, »auch wenn ich Ihren Aufenthalt bei der Gestapo nicht im Detail kenne, so kenne ich doch das Resultat: niemand ist Ihretwegen verhaftet worden, wir haben nichts verändern müssen, weder die Briefkästen noch das System der Bergungstreffen, noch die Waffenverstecke! Tadellos, Gérard!«

Mir gefiel, wie er das sagte, bescheiden, im Tonfall einer Feststellung, ohne Pathos und ohne Schwulst.

Doch es ließ uns an dasselbe denken.

»Und Alain?«, fragte ich.

»Gerade wollte ich von ihm sprechen …«

Er bleibt stumm, schließt die Augen, öffnet sie wieder, sieht mich an.

»Wir waren gezwungen, ihn hinzurichten!«

Alain war einer der regionalen Anführer von Jean-Marie Action, er war es, der das Gebiet kontrollierte, in dem wir arbeiteten, Michel H. und ich. Wir waren zu der Überzeugung gelangt, dass Alain ein Verräter war. Von Anfang an ins Netz geschleust? Später von der Gestapo verhaftet und umgedreht? Doppelagent? Worin auch immer die Ungewissheit im Einzelnen bestehen mochte, ein Bündel übereinstimmender Zeichen hatte uns seit einiger Zeit gewarnt. Michel H. hatte bereits mit »Paul« darüber gesprochen, der bestimmte elementare Vorsichtsmaßnahmen getroffen hatte, jedoch noch zögerte, an den unglaublichen Verdacht ganz zu glauben. Und dann hatten sich, in den letzten Wochen vor meiner Verhaftung, die Beweise plötzlich gehäuft. Wir hatten nämlich die letzten britischen Fallschirmabwürfe auf fünf Depots der Geheimarmee verteilt. Zwei von ihnen waren sofort von der Gestapo entdeckt worden: diejenigen, um die sich ganz allein Alain gekümmert hatte. Die drei anderen, um die sich Michel H. mit meiner Hilfe gekümmert hatte, blieben unangetastet. Gewiss, es konnte ein Zufall sein: die Chancen standen eins zu tausend, vielleicht, wenn überhaupt!

»Ich habe ihn selbst erschossen«, murmelte Frager.

Und er fügte nickend hinzu:

»Ich frage mich, ob nicht er es war, der das Haus von Irène Chiot in Joigny angezeigt hat, in dem Sie verhaftet wurden ...«

Auch ich hatte mir die Frage schon gestellt.

»Pech, Gérard«, hatte mir Irène mit sanfter und ruhiger Stimme gesagt, »wir haben Besuch von der Gestapo!«

Das war im Jahr zuvor, im September 1943, in Joigny. Vielmehr im Vorort von Épizy, am Treidelweg.

Das Haus von Irène Chiot war ein ehemaliger Bauernhof mit mehreren Gebäuden um einen grasbewachsenen Hof. Es war Mittag, mehr oder weniger. Zwei Tage zuvor hatten wir in Pontigny einen Munitionszug der Wehrmacht in die Luft gesprengt, und einer aus unserer Gruppe war verschwunden. Ich war nach Laroche-Migennes gegangen, wo wir Stützpunkte hatten: Verstecke, Briefkästen, gut bewaffnete Schockgruppen. Aber Georges V. blieb unauffindbar, es gab keine Möglichkeit, Kontakt mit ihm aufzunehmen. Einige Hinweise ließen sogar befürchten, dass er verhaftet worden war. Im Morgengrauen hatte ich, nach einer durchwachten Nacht wieder in Épizy, ein paar Stunden in dem Zimmer geschlafen, das ich gewöhnlich benutzte.

Es war also mehr oder weniger Mittag, ich wachte auf, mit schwerer Zunge. Ich dachte an den verschwundenen Georges V. Ich durchquerte den Hof zu dem Gebäude, in dem sich die Küche befand: Irène sollte mir einen Kaffee machen.

Nur: wir hatten Besuch von der Gestapo.

Ich habe Irènes Stimme gehört und neben ihr einen Typ im Regenmantel vor mir stehen sehen, der seinen Hut aufbehalten hatte. Er schnitt eine Art Grimasse, als er mich hereinkommen sah, die in seinem Mund eine Menge Goldzähne entblößte. Weiter entfernt eine junge entsetzte Frau. Aber ich fühlte eine andere, nähere Gegenwart zu meiner Rechten, ein wenig hinter mir. Ich habe mich instinktiv zu ihr umgedreht und dabei versucht, rasch den Revolver zu ziehen, den ich beim Erwachen unter meinen Gürtel geschoben hatte.

Irènes Blick war voller Hoffnung, auch Ermunterung. Sicher war sie begeistert zu sehen, dass ich mich zu verteidigen suchte. Vielleicht hoffte sie sogar, dass ich Erfolg hätte, dass es mir gelänge, uns aus dieser Falle zu befreien, indem ich als Erster schoss.

Aber der verdammte Revolver, mit dem ich an jenem Tag bewaffnet war, war nicht mein üblicher 11.45. Es war ein kanadischer Revolver, von denen man uns vor kurzem ei-

nige Dutzend Exemplare abgeworfen hatte und den ich ausprobieren wollte. Und dieser verdammte neue Revolver hatte eine größere, weniger glatte Trommel als mein üblicher Smith and Wesson.
Es gelang mir nicht, ihn herauszuziehen, die Trommel blieb an meinem Ledergürtel hängen.
Der Typ, zu dem ich mich umgedreht hatte, hatte bereits seine Pistole in der Hand, eine große Neun-Millimeter-Automatik, auf den ersten Blick. Für den Bruchteil einer Sekunde habe ich mich aus der Realität gestohlen, mir schien, als sähe ich die Szene wie im Kino. Ich war im Kino, ich sah einen Kriminalfilm, und dieser Typ da vor mir würde gleich schießen, würde auf den Abzug seiner Parabellum drücken.
Ich betrachtete die Szene dieses Kriminalfilms, und ich dachte, der arme junge Mann käme nicht davon: sechs Schüsse in den Bauch, Leben adieu! Aber nein, es geschah etwas Unerwartetes. Genau in dem Augenblick, da es mir gelang, die Trommel meines Revolvers freizubekommen, drehte der Typ der Gestapo, statt zu schießen, seine schwere Automatik um, packte sie beim Lauf und schlug mir mit aller Kraft auf den Schädel.
Zweifellos ein guter beruflicher Reflex. Ein Toter spricht ja nicht, und sie hatten durchaus die Absicht, mich zum Sprechen zu bringen.
Jedenfalls war mein Gesicht blutüberströmt, ich sah nichts mehr. Ich bin in die Knie gegangen.
Dann haben die beiden Typen der Gestapo – derjenige, der den Hut aufbehalten hatte, war der Regionalleiter der deutschen Polizei, Dr. Haas; der andere einer seiner

Assistenten, wie ich später erfuhr – die Situation ausgenutzt und mich mit Fußtritten traktiert. Damit reagierten sie nachträglich die Angst ab, die sie gehabt hatten, als sie diesen bewaffneten Burschen auftauchen sahen. Die junge Deutsche dagegen, die Dolmetscherin, stieß unentwegt weinerliche kleine Schreie aus und verlangte eine Tassen Lindenblütentee. Von wem denn, großer Gott? Wer hätte ihr den bringen sollen? Es brachte mich fast zum Lachen, dieses in ihrem Mund immer wiederkehrende Wort, *Lindenblütentee*: ein so köstliches, zartes, musikalisches Wort in einem solchen Kontext!

Nachdem sie sich mit Fußtritten von ihrer nachträglichen Angst befreit hatten, durchsuchten mich die Typen von der Gestapo.

An jenem Tag – und das war meine zweite Chance, die erste war der berufliche Reflex gewesen, der den Gestapomann veranlasst hatte, mich niederzuschlagen, statt mich zu erschießen –, an jenem Tag hatte ich meine echten Papiere bei mir: eine vollkommen reguläre, ein Jahr gültige französische Aufenthaltsgenehmigung mit meinem legalen Wohnsitz bei meiner Familie, 47, rue Auguste-Rey in Gros-Noyer-Saint-Prix (Seine-et-Oise), sowie eine Bescheinigung des spanischen Generalkonsulats in Paris, die meine Nationalität attestierte.

Denn die MOI hatte seit langem präzise Anweisungen gegeben: alle Aktivisten, die die Möglichkeit dazu hätten, sollten sich bei den franquistischen Konsulaten einschreiben lassen, um von der spanischen Staatsbürgerschaft zu profitieren und ihre Untergrundtätigkeit besser zu tarnen.

Ich war neunzehn Jahre alt, hatte einen ziemlich berühmten Nachnamen, war weder vorbestraft noch politisch aufgefallen und hatte folglich keinerlei Schwierigkeit gehabt, meine konsularische Akkreditierung zu erhalten. In jenem Jahr, 1943, hatte ich mich für mein zwanzigstes Lebensjahr sogar beim Musterungsausschuss meines Jahrgangs gemeldet und war höchst offiziell vom Konsulat vom Militärdienst freigestellt worden.
Und auch wenn Jean-Marie Action mir einen falschen französischen Ausweis besorgt hatte (Gérard Sorel, Gärtner, geboren in Villeneuve-sur-Yonne), benutzte ich doch lieber meine echten Papiere, da mir dieser Ausweis kein Vertrauen einflößte: die Fälschung schien mir in die Augen zu springen.
Überdies hatte ich an jenem Septembertag einen zusätzlichen Grund, meine echten Papiere vorzuzeigen: nach meinem Ausflug nach Laroche-Mignennes auf der Suche nach Georges V. sollte ich nach Paris fahren, um »Paul« und »Mercier« (Pseudonym von Michel H.) zu treffen. Und in Paris kam es nicht in Frage, mit einem derart schlampigen Ausweis unterwegs zu sein: bei der ersten Passkontrolle wäre ich aufgeflogen!
Alle drei hatten wir den Fall von Alain zu besprechen.

»Ich habe ihn selbst erschossen«, murmelte Frager ein Jahr später in Buchenwald.
Alain, sagte ich ihm an jenem Sonntag nach dem Appell, hatte sich geweigert, über die Waffen- und Munitionslager der AS Auskunft zu geben, die die Gestapo so leicht entdeckt hatte. Er hatte uns sagen lassen, wir sollten ihm

den Buckel runterrutschen. »Sag ihnen, sie können mir den Buckel runterrutschen!«, das war die Botschaft, die Corinne uns ausrichten sollte. Wir gingen ihm auf den Wecker, so war das. Es war beschlossen worden, ihn bei der ersten Gelegenheit umzulegen.

Aber es hatte sich keine Gelegenheit ergeben. Man hatte auch keine herbeiführen können. Und die Gestapo war bei Irène aufgekreuzt.

»Ich habe mich gefragt, ob nicht er euch angezeigt hat … Er hat wohl begriffen, dass ihr ihn entlarven würdet, und ist euch zuvorgekommen …«

Ich sagte nichts, es gab nichts zu sagen.

Gemeinsam haben wir schweigend die Herbstsonne betrachtet, den grauen, leichten Rauch des Krematoriums.

Einige Jahre später hat mir ein ehemaliges Mitglied des Netzes, das ich zufällig während eines Kolloquiums von Psychoanalytikern über die Erinnerung an die Deportation getroffen habe, ein weiterer Überlebender von Jean-Marie Action, Fragers Ende erzählt.

Zwar wusste ich das Wesentliche. Ich wusste, dass er nach der Isolationszeit in Block 42 geschickt worden war. Dort hatte ich ihn getroffen. Ich wusste, dass die Gestapo ihn ein paar Wochen später dort abgeholt und hingerichtet hatte. Und während dieser Wochen hatte ich ihn regelmäßig gesehen.

Eines Tages, als ich an meinem Arbeitsplatz vor der Zentralkartei des Lagers saß, sah ich, wie der Kohledurchschlag einer neuen offiziellen Mitteilung der Gestapo eintraf. Ein winziges Blatt im Wust der Kommuniqués und Mitteilungen aller Art, in denen sich die Bewegung des

Lebens in Buchenwald widerspiegelte. Natürlich auch des Todes.
Ankunft von Transporten, Abtransporte zu Außenkommandos, Arbeitszuweisungen, Aufnahmen in den Krankenbau, vorübergehende Freistellungen wegen Krankheit, Todesfälle: alle Informationen, die den täglichen Stand der Produktionskraft der Zwangsarbeit betrafen, wurden auf diese Blätter eingetragen.
Und plötzlich meldeten inmitten all dieser amtlichen Papiere ein paar dürftige Zeilen den Tod von Henri Frager.
Entlassen: das war die übliche Formel der SS-Verwaltung bei einer individuellen Hinrichtung.
Und ich erinnerte mich an unser letztes Gespräch am Sonntag zuvor.
Henri Frager sprach mit gedämpfter Stimme.
Wir befanden uns im Saal der Arbeit, der zu dieser sonntäglichen Mußestunde menschenleer war.
Wir werden überleben, sagte Frager, jedenfalls einige von uns werden überleben. Wir werden, die Überlebenden werden ordensgeschmückte, weißhaarige alte Herren werden, bei mehr oder weniger schlechter Gesundheit, gleichwohl respektiert. Wir werden verschiedenen Clubs oder Vereinen angehören, vielleicht Verwaltungsräten vorsitzen, Sitzungsgelder kassieren – stellen Sie sich vor, Gérard! Sitzungsgelder für unsere reine Anwesenheit, obwohl wir in Wahrheit nur die Abwesenheit verkörpern – na schön, gut, in Ordnung, wir werden angesehene Leute sein, wenn wir überleben: Wohlhabende, das ist nahezu unvermeidlich ... Aber wo und wann auch immer, bei

jedweder Gelegenheit, ob bei einem Bankett von Ehemaligen irgendeines großen Gymnasiums, von irgendwelchen Preisträgern, bei einem Freundschaftstreffen dieses oder jenes Netzes, werden sich einige von uns plötzlich in einem Augenblick wahren Andenkens, wahrer Gemeinschaft an einem Tisch wiederfinden, auch wenn das Leben, die Politik, die Geschichte uns getrennt haben sollten, auch wenn sie uns entzweien, und dann werden wir in einer Art fröhlichem Entsetzen, befremdlichem Jubel feststellen, dass wir alle etwas gemeinsam haben, ein Gut, das nur wir besitzen, so etwas wie ein dunkles und strahlendes Jugend- oder Familiengeheimnis, das uns ansonsten vereinzelt, das uns jedoch auf diesen präzisen Punkt der Gemeinschaft der Toten, der normalen Sterblichen verweist: die Erinnerung an die Folter.

Die Erfahrung der Folter, hatte ich gedämpft wiederholt.

Im ersten Moment war es mir nicht gelungen, mich alt, ordensgeschmückt, ehrenwert zu sehen. Aber der Gedanke, dass uns die Erinnerung an die Folter gemeinsam wäre, erschien mir zutreffend. Dieser Gedanke – da es ein Gedanke war, eine Möglichkeit, eine düstere, aber glänzende Perspektive, bevor er zuerst Realität, dann unauslöschliches Erlebnis wurde –, diese Wahrheit der Folter wird also meine Beziehung zu Frager begleitet, geprägt haben, seit dem Gespräch in einer luxuriösen Wohnung an der Porte des Ternes in Gegenwart von »Tancrède« bis zu jenem Sonntag in Buchenwald.

Ich hatte ihm dann ausführlich von meiner Folter-Erfahrung erzählt. Im Übrigen ist er der einzige Mensch auf der Welt gewesen, mit der ich etwas detaillierter, oh-

ne Selbstgefälligkeit und ohne Schönfärberei, darüber gesprochen haben werde.
Mit wem werde ich diese Erinnerung, diese Erfahrung wachrufen können, jetzt, da er tot ist? Werde ich auf den Zufall eines Veteranentreffens warten müssen – und aus welchem unwahrscheinlichen Anlass, bei welch unwahrscheinlicher Gelegenheit? Ich meide sie wie die Pest! –, eines Treffens ordensgeschmückter, weißhaariger ehemaliger Widerstandskämpfer, die in ihrem Abscheu vor dem Lauf der Welt, ihrem Unverständnis vielleicht wie gelähmt sind.
Ich sehe wirklich nur eine, eine einzige noch heute äußerst lebendige Person, mit der es weder unmöglich noch unangebracht wäre, diese Erfahrung zu erwähnen: Stéphane Hessel. Freilich haben wir uns bei unseren Begegnungen so viel zu sagen, dass uns dieses Wiederkäuen der Vergangenheit nicht einmal in den Sinn kommt. Keine Zeit, darauf zurückzukommen, wenn das Leben uns so viel Gesprächsstoff, so viele Themen der Bewunderung oder des Zorns liefert.
Dennoch muss ich ein paar Worte darüber sagen, um es hinter mich zu bringen, da es hier mehr um eine Art Reflexion geht als um einen einfachen autobiographischen Bericht, um eine am Anfang zu ziehende Bilanz. Ist eine Bilanz möglich? Zweifellos.
Und welche Moral lässt sich aus der genannten Erfahrung auf einer Reflexionsebene ableiten, die über die bloße Aufzählung der Fakten und der Leiden hinausgeht? Welche Normen für künftiges Handeln?
Jedenfalls – und dies ist eine der Schlussfolgerungen, zu

denen wir, Frager und ich, an jenem Sonntag in Buchenwald gelangt waren – wäre es für ein gerechtes Verständnis des möglichen Humanismus des Menschen absurd, ja verhängnisvoll, den Widerstand gegen die Folter als absolutes moralisches Kriterium zu betrachten. Ein Mensch ist nicht deshalb wahrhaft menschlich, weil er der Folter widerstanden hat, das wäre eine außerordentlich vereinfachende Regel. Die im eigentlichen Sinn menschlichen Werte und Tugenden – das heißt die hinreichend grundlegenden, um die Transzendenz eines Ideals des altruistischen, mit kollektiven Zukunftsvisionen beauftragten Ichs zu begründen – lassen sich nicht allein mit der Elle der Widerstandsfähigkeit unter der Folter messen.
Natürlich neige ich dazu, wenn ich nach so vielen Jahren den wesentlichen Inhalt meiner Gespräche mit Henri Frager an einigen Sonntagnachmittagen in Buchenwald in Erinnerung rufe, all das, was damals nur ein Austausch leidenschaftlicher Worte, erlebter Erfahrungen in der zusammenhanglosen Unmittelbarkeit ihrer Formulierung war, auf systematische, begrifflich hierarchisierte Weise zu formulieren.

Vermutlich war es an jenem Tag, jedenfalls an einem jener Sonntage im Herbst 1944, dass Frager mir von Jean Moulin erzählte, mir von dessen Rolle bei der Einigung der Widerstandsbewegungen erzählte; er erzählte mir von den Umständen des Verrats, unter denen Moulin von der Lyoner Gestapo verhaftet wurde, er erzählte mir von Klaus Barbie.
Wir befanden uns im Saal der Arbeitsstatistik, fast allein –

wenn ich mich recht erinnere, war außer uns beiden nur der alte Walter anwesend, der die Sonntagsausgabe des *Völkischen Beobachters* oder vielleicht die Wochenzeitschrift *Das Reich* las. Und Walter, ein kommunistischer Veteran, hätte durchaus an unserem Gedankenaustausch über die Erfahrung der Folter teilnehmen können: sein Kiefer war in den dreißiger Jahren während eines Verhörs der Gestapo zertrümmert worden – fast allein also, als Frager mir von Klaus Barbie erzählte.

Der Name war mir nicht unbekannt.

Kurz vor meiner Verhaftung hatte ich von Klaus Barbie gehört. In Lyon hatte er Jean-Marie Soutou verhört, meinen Schwager, der mit Abbé Glasberg den jüdisch-christlichen Freundeskreis gegründet hatte, der viele jüdische Kinder rettete. Nicht nur Kinder übrigens.

Barbie hatte Soutou verhaftet. Anscheinend war es Kardinal Gerlier, durch dessen direkte und dringliche Intervention er freigelassen wurde. Worauf Soutou, ein Kenner der Gestapo-Methoden, mit meiner Schwester Maribel heimlich in die Schweiz entkam.

Kurz, der Name Barbie war mir nicht unbekannt, das wollte ich betonen.

Jean Moulin also, erzählte mir Frager, war von Barbie gefoltert worden, dem es nicht gelang, ihm ein einziges Wort, einen einzigen Namen zu entreißen, nicht einmal den eigenen.

Doch eines Tages, nach wochenlangem Leiden, als es Barbie auf anderen Wegen als dem Verhör seines Gefangenen, aufgrund anderer Informationen, anderer Preisgaben oder Verrätereien gelungen war, ihn zu identifizieren, hielt er ihm triumphierend ein Stück Papier hin, auf das er seinen richtigen Namen geschrieben hatte, jedoch mit falscher Orthographie: Moulins.

Da streckte Jean Moulin, physisch zerbrochen, zerstört, aber seelisch unversehrt, die Hand aus und tilgte dieses nutzlose »s«.

Da: Moulin!

Ich kenne keine erhabenere, bedeutsamere Geste für die Fähigkeit des Menschen, seine Menschlichkeit zu behaupten, indem er über sich hinauswächst. Hinauswächst über seine Endlichkeit, seine elende *conditio humana*.

Nach diesem Bericht herrschte zwischen Frager und mir Schweigen. Doch ein mit brüderlichen Schatten bevölkertes Schweigen. Tatsächlich waren wir uns einig an jenem Tag: die Erfahrung der Folter ist nicht allein, vielleicht nicht einmal hauptsächlich die Erfahrung des Leidens, der entsetzlichen Einsamkeit des Leidens. Sie ist auch, und sicherlich vor allem, die Erfahrung der Brüderlichkeit. Das Schweigen, an das man sich klammert, auf das man sich die Zähne zusammenbeißend stützt, wobei man versucht, mit Hilfe der Phantasie oder des Gedächtnisses seinem Körper, seinem elenden Körper zu entfliehen, dieses Schweigen ist voll von all den Stimmen, voll von all den Leben, die es schützt, denen es ermöglicht, weiterzuleben.

Und vermutlich wird das Sein des gefolterten Widerstandskämpfers zu einem Sein-zum-Tode, aber es ist auch ein weltoffenes, den anderen zugewandtes Sein: ein Sein-mit, dessen eventueller, wahrscheinlicher, individueller Tod das Leben nährt.

Die Tragweite, die lebendige Wahrheit dieser Überzeugung, die wir an einem Sonntag in Buchenwald geteilt hatten, konnte ich später im Madrider Untergrund verifizieren.
Denn in Madrid, wo ich trotz der beträchtlichen Bemühungen der Polizei der Diktatur nie verhaftet worden war, hatte ich nicht wie früher während der Résistance durch mein Schweigen das Leben der anderen, zumindest ihre Freiheit schützen müssen. Sondern durch ihr Schweigen unter der Folter hatten die anderen meine Freiheit geschützt. In all diesen langen zehn Jahren im Untergrund hatte kein Kämpfer jemals der Polizei irgendein Treffen mit mir erwähnt und nicht den kleinsten Hinweis gegeben, der mich in Gefahr gebracht hätte. Während zehn langen Jahren Untergrund habe ich in Freiheit gelebt – eine Art Höchstleistung oder Rekord, wenn ich den Chroniken und Memoiren jener historischen Zeit Glauben schenken will – dank all diesem Schweigen vieler.
Die Erfahrung der Folter ist also kein egotistisches oder narzisstisches Erlebnis, wie viel Individualität, wie viel Besonderheit sie zwangsläufig enthalten mag. Auch wie viel Unbeschreibbares, das mit der Scham oder dem inneren Stolz zu tun hat. Es ist ebenso eine Erfahrung der Solidarität wie der Einsamkeit. Es ist eine Erfahrung der Brüderlichkeit, ein geeigneteres Wort gibt es nicht.

Erst viele Jahre später habe ich also erfahren, was ihm widerfahren war.
Anscheinend hatte Frager, sagte mir Dr. L., im gegebenen Augenblick von den SS-Leuten verlangt, ihn zu er-

schießen. Mit einem ingrimmigen Willen hatte er sich geweigert, gemäß den üblichen Nazi-Verfahren im Bunker von Buchenwald gehängt zu werden. Und mit einer solchen Energie, dass er es durchsetzte, wie ein Soldat standesrechtlich erschossen und nicht wie ein simpler Delinquent gehängt zu werden.

Vier Jahre nach jenen Diskussionen, nach jenen Treffen mit Frager, mit »Tancrède«; vier Jahre nach der Epoche, in der ich wegen der französischen Gestapo von Bonny-Lafont die Rue Lauriston und wegen der deutschen Gestapo im Hotel Majestic die Avenue Kléber mied, betrat ich jeden Morgen diesen ehemaligen Palast, der mittlerweile der provisorische Sitz der UNESCO war.
Dort arbeitete ich in der spanischen Sektion. Mein Abteilungsleiter war ein Schriftsteller: ein politischer Flüchtling natürlich. Zu jener Zeit war die Diktatur Francos noch aus allen Institutionen der Vereinten Nationen verbannt.
José María Quiroga Plá war der Ehemann und Witwer einer Tochter des großen und geheimnisvollen Miguel de Unamuno gewesen, deren Tod er noch Jahrzehnte später poetisch beklagte. Denn vor allem war Quiroga Plá Poet, im Übrigen klassischer Prägung. Sein klangvolles Kastilisch vermied indes allzu viel Schwulst.
Obwohl chronisch krank und regelmäßig mit Insulin behandelt, um die Verheerungen der Diabetes einzudämmen, war er ein fröhlicher, positiver Mensch, dessen unverwüstlicher Humor keine Tabus kannte: weder Gott noch Kaiser, noch Tribun. Für ihn gab es keinen Erlöser!

Er hatte Verdienste, denn er war ein langjähriger, treuer Kommunist. Doch hatte er, besser als viele von uns, seine Aufsässigkeit bewahrt.
Ich meine: seinen kritischen Geist, das genaue Gegenteil des Parteigeists.
Jeden Morgen setzte ich mich in mein Büro in der Avenue Kléber, in ebenjenem Hotel Majestic, das ich früher mied. Eine Sekretärin brachte mir Kaffee, die Dokumente des Tages, das Dossier mit den aus dem Englischen oder Französischen übersetzten Texten, deren spanische Fassung ich durchsehen und gelegentlich korrigieren musste. Ich machte mich sofort an die Arbeit, da ich im Allgemeinen schon am Vormittag mit der Anzahl von Seiten fertig sein wollte, die gemäß den nicht wirklich stachanowistisch zu nennenden Normen für den ganzen Tag vorgesehen waren, damit ich nachmittags ein wenig Zeit zum Lesen hatte oder mit dem einen oder anderen sprechen und durch die verschiedenen Abteilungen der UNESCO schlendern konnte, in denen ich Freunde hatte.
Unsere Büros waren Ende jener vierziger Jahre in den früheren Suiten und Zimmern eingerichtet worden – im Übrigen, außer den Etagen der Direktion, recht notdürftig –, und gelegentlich konnte man noch Spuren ihrer einstigen Hotelbestimmung erkennen.
Wenn ich daher vormittags die Augen von dem durchzusehenden Text hob, kam es vor, dass ich hinter dem klaffenden Loch einer Tür, deren Rahmen verschwunden war, das unpassende Bild einer Badewanne außer Gebrauch mit ihren Krallenfüßen und Jugendstilkurven wahrnahm.

Eine Badewanne der Gestapo, sagte ich mir.
Tatsächlich war der Raum neben meinem Büro, damals voller Regale aus rohem Holz, auf denen sich alte Akten und Archivdokumente stapelten, ein Badezimmer gewesen.
Ich konnte diese ungewöhnliche Wanne, den zwiespältigen Überrest einer Vergangenheit der Qual und des Luxus – wahrscheinlich auch der Wollust – nicht ansehen, ohne mich an »Tancrède« zu erinnern und an seine peinlich genaue Aufzählung der vorhersehbaren Foltern vor vier Jahren.
An jenem Tag hatte ich in der luxuriösen Wohnung an der Porte des Ternes bereits geahnt, dass von alle Martern, die »Tancrède« nannte, die der Badewanne für mich am schwersten zu ertragen wäre. Von Kindheit an – nie habe ich den traumatischen Ursprung dafür herausgefunden, falls es denn einen solchen gab – hatte ich Angst vor dem Ersticken gehabt: jeder Zwischenfall, auch der banalste, belangloseste, der mich daran hinderte, und sei es nur für einen Augenblick, frei zu atmen, rief bei mir Angstzustände hervor, manchmal regelrechte Anfälle.
Aufmerksam hörte ich »Tancrède« zu, ich sah, dass die blonde junge Frau fast in Ohnmacht fiel, als er, lässig und präzise, daran erinnerte, dass die Typen der Gestapo üblicherweise in die mit eiskaltem Wasser gefüllte Badewanne Küchenabfälle, verfaulte Gemüsestrünke, sogar Exkremente warfen, bevor sie den Kopf des Häftlings in dieses ekelerregende Wasser tauchten, und ich sagte mir, dass das sicherlich die am schwersten zu ertragende Folter wäre.

Und so war es: mehr ist dazu nicht zu sagen.
Zurückgeblieben ist eine absolute, endgültige Phobie vor kollektivem Baden, jugendlichen Wasserspielen, bei denen einem aus Spaß der Kopf unter Wasser getaucht wird. In diesem Fall habe ich bestimmt keinen Spaß, eher Mordgelüste.
Aber das ist nicht schlimm: man kann ohne weiteres überleben, wenn man das fröhliche kollektive Baden meidet, um keine unerklärbaren Wutanfälle zu kriegen.

»Wer nämlich in der Folter vom Schmerz überwältigt wird, erfährt seinen Körper wie nie zuvor. Sein Fleisch realisiert sich total in der Selbstnegation …«
Jean Améry hat diesen Gedanken mit unwiderlegbarer Genauigkeit formuliert, in einem Essay über die Folter, der in der Aufsatzsammlung *Jenseits von Schuld und Sühne* veröffentlicht wurde.
Jean Améry war ein ungewöhnlicher, bemerkenswerter Schriftsteller. 1912 in Wien geboren, mit wirklichem Namen Hans Mayer, ausgebildeter Philosoph, emigrierte er 1938, im Jahr des Anschlusses, der Annexion Österreichs durch Hitler, nach Belgien.
Und in Belgien, anagrammatisch zu Jean Améry geworden, wurde er wegen Widerstands von der Gestapo verhaftet. In der traurig berühmten Festung von Breendonk gefoltert, wird Mayer-Améry als Jude nach Auschwitz deportiert.
Jean Amérys Texte über seine Erfahrung in den Lagern haben keine narrative Form, sondern die Form einer hellsichtigen, streng philosophischen Reflexion ohne jede

Selbstgefälligkeit. Sie gehören, woran meiner Meinung nach kein Zweifel erlaubt ist, zum Fundus der wichtigsten Lektüren über das Universum der Konzentrationslager.

Wer nämlich in der Folter vom Schmerz überwältigt wird, erfährt seinen Körper wie nie zuvor …

In Auxerre, in der Villa der Gestapo, kannte ich diese Bemerkung von Jean Améry natürlich nicht. Ich habe seine Texte erst Jahrzehnte später gelesen. In Auxerre erinnerte ich mich an »Tancrèdes« Beschreibungen, ich konnte ihre Richtigkeit verifizieren. Ich hatte keine Ahnung von Jean Améry, aber ich hätte meine Erfahrung jener Tage, jener Wochen mit denselben Worten formulieren können: tatsächlich erfuhr ich meinen Körper wie nie zuvor.

Ich würde eher sagen: in Auxerre, in der Villa der Gestapo, unter der Folter ist mir die Realität meines Körpers wirklich bewusst geworden. Vorher bildeten mein Körper und ich eine ununterscheidbare Einheit: ich war mein Körper, ohne es zu wissen. Und er war ich. So sehr war mein Körper ich, dass er nicht für sich existierte. Vor jenen langen Verhörtagen bestand keine Distanz zwischen meiner Seele – meinem Willen, meinen Wünschen, sogar meinen Launen – und diesem verfügbaren, stets zur Anstrengung oder zur Entspannung fähigen Körper.

In Auxerre hatte ich, rückblickend, den Eindruck gehabt, niemals einen Körper gehabt zu haben. Als sei ich die Verkörperung des Schmerzes, als ließe mich dieser zusammen mit meinem Körper auch seine Zerbrechlich-

keit, sein Elend, seine Endlichkeit entdecken. Ich habe meinen Körper so stark erfahren, dass er gewissermaßen eine getrennte – vielleicht autonome – gefährlich autonome – Entität, gleichsam ein Anders-Sein wurde. In bestimmten Momenten sogar noch mehr: ein feindseliges Für-sich, ein Feind der Idee des Ichs, das ich mir gewählt hatte, als Erbe und als Projekt.
Ich habe meinen Körper also erfahren wie nie zuvor. Gewiss im Schmerz, in der schwer zu kontrollierenden Panik der Eingeweide, im bestialischen Wunsch nach Kapitulation. *Tu trembles, carcasse*, sagte ich mir, die berühmten Worte wiederholend, *mais tu tremblerais bien plus, si tu savais où je vais te mener ...*
In jenen Tagen hatte ich die Möglichkeit, zu verifizieren, wie sehr die Beschreibung, die »Tancrède« uns gegeben hatte, mit der Realität übereinstimmte. Zuerst tatsächlich der Schlagstockeinsatz. Dann das Aufhängen an einem zwischen die Handschellen geschobenen Seil. Wobei in diesem Fall das Schlimmste war, mit Handschellen auf dem Rücken gefesselt zu sein: dann hat man, wenn man hochgezogen wird, den Eindruck, auseinandergenommen, für immer gevierteilt zu werden. Die Badewanne war das letzte Stadium der Behandlung, der ich, ergebnislos, unterzogen wurde, bevor man mich plötzlich vergaß wie eine für unter Arbeitsüberlastung leidende Gestapo nutzlos gewordene Bürde.
Wochen später erinnerte man sich wieder an mich, als es um die Deportation nach Deutschland ging.
Auf der von »Tancrède« geschilderten progressiven Stufenleiter erlebte ich also weder die Stromschläge noch die

Folter der ausgerissenen Nägel. Daher kann ich unmöglich wissen, ob ich widerstanden hätte, wie ich bis dahin durchgehalten hatte.

Wie dem auch sei, ich halte Jean Amérys Satz über die Offenbarung des Körpers unter der Folter für absolut zutreffend. Unbestreitbar stellt der den Behandlungen der Gestapo unterworfene Widerstandskämpfer in diesem Augenblick fest, dass *sein Fleisch sich total in der Selbstverleugnung realisiert.*

Ein anderer Satz von Améry dagegen scheint mir völlig ungerechtfertigt, sogar unverständlich zu sein.

Im selben Essay behauptet er nämlich: *Wer der Folter erlag, kann nicht mehr heimisch werden in der Welt. Die Schmach der Vernichtung lässt sich nicht austilgen. Das zum Teil schon mit dem ersten Schlag, in vollem Umfang aber schließlich in der Tortur eingestürzte Weltvertrauen wird nicht wiedergewonnen …*

Ich verstehe nicht, was er meint!

Da ist ein Mann von einunddreißig Jahren, Hans Mayer-Améry, hellsichtig und entschlossen, ins Exil zu gehen, der in der Absicht vor dem Nazismus flieht, den Kampf fortzusetzen; der im Widerstand engagiert war, als er in seinem Asylland, Belgien, von der modernen Barbarei eingeholt wurde; und dieser Mann sieht durch den ersten Schlag, den er beim ersten Verhör der Gestapo erhält, sein Weltvertrauen eingestürzt?

Entweder hat das nichts zu bedeuten und ist nur eine Phrase, oder dieses Vertrauen, das mit einem Schlag einstürzt, war blind für die Realitäten der Welt, taub für die Schreie dieser Realität. Es war ein naives, engelhaftes,

letztlich infantiles Vertrauen, das in keiner Weise Amérys erwachsenem, kämpferischem Verhalten entsprach.
In diesem Satz, wenn er wirklich gedacht worden ist, zeigt sich der Widerschein einer tiefen persönlichen Wunde, einer entsetzlichen Verzweiflung, eines inneren Geheimnisses, das plötzlich aufbricht, brutal, unergründlich.
Für mich zumindest, denn ich weigere mich, es zu ergründen.
Meine persönliche Erfahrung sagt mir nämlich das genaue Gegenteil. Meine persönliche Erfahrung lehrt mich, dass nicht das Opfer, sondern der Henker – falls dieser davonkommt, wenn er in einem späteren, sogar anonymen und scheinbar friedlichen Dasein überlebt – in der Welt nie mehr heimisch werden wird, was immer er darüber sagt, welchen Anschein er sich auch gibt. Das Opfer dagegen, und nicht nur, wenn es die Folter überlebt, sogar während dieser, sieht, auf sein Schweigen gestützt, in allen Zwischenräumen mit den willkommenen Atempausen, wie seine Bindungen zur Welt sich vermehren, sieht, wie die Gründe seines Heimischseins in der Welt Wurzeln schlagen, sich verzweigen, wuchern.
In Auxerre, in der Villa, deren Garten die Herbstrosen mit Duft erfüllten, hat mich jede Stunde Schweigen, die ich den Schergen von Dr. Haas, dem lokalen Chef der Gestapo, abtrotzte, in der Gewissheit bestärkt, gerade heimisch zu sein in der Welt.
Die mir gehörte. Oder vielmehr: der ich angehörte.
Jede dieser gewonnenen Schweigestunden, das konnte ich mühelos feststellen, machte die Typen der Gestapo fieb-

riger, benommener. Jede gewonnene Stunde bereicherte mich also und brachte sie selber um die Güter dieser Welt – machten sie noch ärmer, die armen Typen, die sie eh schon waren!

Aber Ende der vierziger Jahre hatte ich Jean Améry nicht gelesen, als ich die Badewanne der Gestapo in der Avenue Kléber sah, in dem zum provisorischen Sitz der UNESCO gewordenen ehemaligen Hotel Majestic.

Gewiss tauchten Erinnerungen auf, kamen ungeordnet wieder an die Oberfläche. Die Rosen im Garten der Villa von Auxerre. Die etwas schlaffen, weibischen Gesten des jüngsten Folterers, auch des perversesten. Die Goldzähne von Dr. Haas. Der verzweifelte Blick von dessen junger Sekretärin. Doch das alles war flüchtig, sogar ziemlich leicht. Ich war nicht darauf gefasst. Es war eine Zeit meines Lebens, in der ich mich gern – und bereitwillig – von meiner jüngsten Vergangenheit löste. Ich verlernte diese Vergangenheit, machte mich methodisch von ihr frei. Da es mir nicht gelungen war, sie in Ordnung zu bringen, ihr eine Perspektive zu geben in einer Erzählung, die sie bewohnbar gemacht hätte, musste ich sie vergessen, um leben zu können. Ober überleben, wieder aufleben zu können: ich überlasse Ihnen die Wahl des Verbs.

Es gelang mir prächtig. Zu vergessen, meine ich; ich schrieb erst sehr viel später, als die Zeit des Wiedererinnerns gekommen war.

Damals hatte ich das Hotel Majestic und die UNESCO verlassen. Nicht nur weil man dort das Franco-Regime anerkannt hatte, 1952. Sondern vor allem, weil ich ein

»Permanenter« des politischen Apparats der spanischen KP geworden war und ich mich auf eine erste illegale Reise nach Spanien vorbereitete.

In Madrid habe ich mich, seit dieser ersten Reise, die im Juni 1953 stattfand, oft an die Badewanne der Gestapo erinnert.

An die echte natürlich, jene, die ich in Auxerre kennengelernt hatte, nicht an die allegorische Wanne des ehemaligen Hotels Majestic, Avenue Kléber, über die man mit einer Spur Provokation oder Prahlerei hätte lachen können.

Zehn Jahre lang begannen meine Tage, wenn ich in Madrid war, in jeder meiner illegalen Wohnungen immer auf die gleiche Weise: ich rasierte mich sorgfältig, ich sah mein Gesicht im Spiegel des Waschraums, und ich ließ in Gedanken alle meine Treffen des Tages Revue passieren. Ich schrieb sie natürlich niemals auf. Und noch weniger in verschlüsselter Sprache, denn das im Fall einer Festnahme vorhersehbare Verhör wäre, hätte man diese Art Notizen bei mir gefunden, umso brutaler gewesen.

Daher musste ich in meinem Gedächtnis Dutzende von Treffen unterbringen, die sich über manchmal mehreren Wochen dauernde Zeiträume erstreckten ... Ich rasierte mich und ging im Gedächtnis die Treffen des Tages durch.

Doch einige von ihnen waren lange vorher vereinbart worden. Der betreffende Aktivist, von dem ich seit unserer letzten Begegnung nichts mehr gehört hatte, konnte verhaftet worden sein. Nicht immer erfuhr man sofort von der Verhaftung eines Aktivisten, wenn dieser zum harten Kern der Verantwortlichen des Sektors oder des Viertels gehörte. Außerdem hielt die Polizei Verhaftungen zuweilen geheim, um keinen Alarm auszulösen. Infolgedessen gab es jeden Tag – zumindest fast jeden Tag – vorgesehene Kontakte, vereinbarte Treffen, bei denen ich, angesichts der objektiven Beschränkungen der illegalen Organisation, unmöglich sicher sein konnte, dass sie nicht der Polizei der Diktatur zu Ohren bekommen waren.

Vielleicht war der Aktivist, den ich zu einer bestimmten Uhrzeit irgendwo treffen sollte, inzwischen verhaftet worden. War er gefoltert worden? Hatte er unter der Folter geredet? Hatte er das kommende Treffen preisgegeben?

So konnte ich jeden Tag bei dem einen oder anderen der vorgesehenen Kontakte auf Beamte der politischen Polizei stoßen.

Am Gitter des Retiro-Parks zum Beispiel, zwischen dem Unabhängigkeitsplatz und dem monumentalen Tor der Straße, die den Namen meines Großvaters, Antonio Maura, trug, konnte ich durchaus plötzlich von Polizisten umringt sein. Oder diese konnten zur angegebenen Zeit bei dem betreffenden Aktivisten auf mich warten, wenn ich bei ihm zu Hause verabredet war. Oder im Prado-Museum, vor diesem oder jenem Meisterwerk. Ich hatte eine Vorliebe für *Die Überfahrt in die Unterwelt* von Joachim Patinir; die Polizisten hätten mich im Saal der flämischen Malerei vor diesem Bild erwarten können: das wäre der Gipfel gewesen!

Ich rasierte mich also, ich rief mir die Treffen des Tages ins Gedächtnis, ich ließ diejenigen beiseite, bei denen das Risiko einer Verhaftung minimal oder zu vernachlässigen war – jedoch nie gleich null –, und konzentrierte mich auf diejenigen, bei denen mit dem Schlimmsten zu rechnen war. Dann stellte ich mir mögliche Vorgehensweisen vor. Ich würde frühzeitig am Treffpunkt sein, um die Atmosphäre des Viertels einzuatmen. An der Theke eines nahe gelegenen Bistros je nach Tageszeit ein Bier oder einen Kaffee trinkend, würde ich den Gesprächen lauschen, würde das Kommen und Gehen beobachten, würde versuchen, verdächtige Autos oder Personen in der Umgebung zu entdecken.

Wenn der Aktivist unter der Folter zusammengebrochen wäre, wenn er gestanden hätte, dass er sich demnächst an diesem oder jenem Tag um diese oder jene Uhrzeit mit einem Leiter der Partei treffen sollte – einige, allerdings sehr wenige, hätten den Namen dieses Leiters verraten können, Federico Sanchez selbst, den die Polizei schon seit so vielen Jahren vergeblich suchte –, in einem solchen Fall hätte es wahrscheinlich ein Polizeiaufgebot gegeben, das ich möglicherweise allein dadurch hätte erkennen, überraschen können, dass ich zu früh gekommen wäre, nur um den Alltagstrott des Viertels einzuatmen.

Ich stellte mir also, anhand der Topographie des Treffpunkts, mögliche Vorgehensweisen vor.

Aber ich musste eine Alternative einplanen: vielleicht gelänge es mir nicht, die Polizeipräsenz zu entdecken! Das war eher unwahrscheinlich, aber nicht unmöglich. Ich musste mir also das Schlimmste vorstellen, mich darauf

vorbereiten: auf die auf mich gerichteten Waffen, die Durchsuchung, die ersten Schläge, die ersten Fragen.
Die Polizei wird falsche Papiere bei mir finden. Gewiss, sehr gut gefälschte. Täuschend echt, zum Verwechseln ähnlich. Im Übrigen haben sich die franquistischen Polizisten häufig getäuscht. Jedenfalls wäre ich im Fall einer routinemäßigen Passkontrolle niemals verdächtigt, niemals festgehalten worden. Ich hätte in aller Ruhe weitergehen können. Weder ich noch irgendeiner der illegalen Kader der PCE wären jemals abgefangen worden. Denn wir verfügten über eine außerordentlich effiziente Fälscherwerkstatt, die überdies von einem wirklichen Künstler geleitet wurde.
Manchmal sah ich Domingo M. zu, der sich hingebungsvoll auf seine Aufgabe konzentrierte, eine Fälschung herzustellen, die wahrer war als die Wahrheit. Manchmal sah ich ihn in einer seiner versteckten Werkstätten im Montparnasse-Viertel oder in einem Vorort im Süden von Paris oder in irgendeinem Hotelzimmer eines östlichen Landes, wohin er seinen Zauberkoffer mitgebracht hatte, an einem jungfräulichen Personalausweis oder Pass arbeiten, der zu neu, zu schön war und deshalb dubios wirkte, und den er so lange knetete, bis er die Gebrauchsfalten, die unanfechtbare Patina des Alten, des Authentischen bekam. Mit Hilfe von Pulvern, Wachsarten, Farben unterschiedlicher Herkunft, Punzen, trockenen oder feuchten Stempeln sah ich ihn unter seinen phantastischen Fingern Ausweispapiere jeglicher Art hervorzaubern, deren Unechtheit kein Polizist je hätte vermuten können.

So führte an einem Tag in den fünfziger Jahren die Madrider Polizei in einer Familienpension eine Routinekontrolle durch. Unter den Mietern befand sich ein junger illegaler Kader der PCE. Sein Ausweis wird geprüft und erregt anscheinend keinerlei Argwohn. Nach dieser Routinekontrolle verlässt die Polizei die Örtlichkeit. Der betreffende Genosse bleibt da, zieht nicht vorsichtshalber sofort aus, wie es vernünftig gewesen wäre. Und am nächsten Tag ist die Polizei wiedergekommen. Der Inspektor vom Vortag erklärt dem illegalen Aktivisten, im Übrigen sehr verlegen, man habe bei der Überprüfung der Codenummer des Ausweises, den er vorgelegt habe, feststellen können, dass er eine Person weiblichen Geschlechts bezeichne. Der Aktivist, der sicherlich unvorsichtig war, aber ein kaltblütiger Mensch ist und die Ruhe bewahrt, sieht dem Inspektor ins Gesicht und fragt: »Sehe ich wirklich aus wie eine Frau?« Verwirrung des Bullen, Entschuldigungen. Er geht weg, wobei er murmelt, dass irgendwo ein Irrtum vorliegen müsse! Es kommt ihm nicht einmal der Gedanke, ein solcher Ausweis könne falsch sein. Diesmal verlässt der illegale Aktivist die Familienpension, sobald der Polizist verschwunden ist, lässt seine Sachen da und macht sich aus dem Staub.
Ich werde diese Chance natürlich nicht haben. Die Beamten der politischen Polizei, die heute, wenn ich verraten worden bin, an diesem oder jenem Treffpunkt auf mich warten, werden sich nicht mit meinen Papieren zufriedengeben, so echt sie aussehen mögen. Sie werden sich nicht verziehen und mich in Frieden lassen. Sie werden mich augenblicklich zur Puerta del Sol bringen, zu

den Büros der Generaldirektion der Geheimpolizei, für ein erstes Verhör.
In dem Wagen, der mich zu den Zellen der Puerta del Sol bringen wird – die ich mir gut vorstellen kann, die ich kenne, als wäre ich schon dort gewesen, derart zahlreich sind die detaillierten Berichte der Genossen, die sich dort aufgehalten und mir davon erzählt haben –, in dem Wagen werden die Polizisten zu schlagen anfangen, und sei es nur, um in Schwung zu kommen, sich in Stimmung zu bringen, um mir klarzumachen, wozu sie fähig sind. Aber der Platz reicht nicht aus, um wirklich zuzuschlagen und dafür Abstand zu nehmen; das wird nicht schwer zu ertragen sein.
Erst später wird es ernst.
Aber ich bin bereit, ich habe mich auf diesen Augenblick vorbereitet. Ich denke jeden Morgen daran, während ich mich sorgfältig rasiere. Zehn Jahre lang, in der gesamten Zeit meines illegalen Lebens in Spanien, habe ich daran gedacht.

Ich sah das Reiterstandbild von General Franco.
Aus einem Wohnungsfenster im ersten Stock an der Plaza de San Juan de la Cruz sah ich das Reiterstandbild von General Franco.
Es war Ende 1962 und das Ende meines letzten illegalen Aufenthalts in Spanien.
Das Reiterstandbild von General Franco erhob sich auf einer Art Seitenallee am Fuß der trübselig modernen Gebäude des Viertels der Neuen Ministerien. Zur Zeit, als das Viertel diesen Namen erhielt, waren diese Gebäude

tatsächlich neu. Dieses neue Verwaltungsviertel war unter der Republik, vor dem Bürgerkrieg, also Mitte der dreißiger Jahre, gebaut worden. Damals gab es natürlich kein Standbild von General Franco: weder zu Pferd noch zu Fuß. Es hatte mehrerer Hunderttausend Tote bedurft, damit Franco in ganz Spanien ihm gewidmete Statuen und Triumphbögen bekam. Doch als dieses neue Viertel in der Verlängerung der Avenida Castellana in Madrid gebaut wurde, war General Franco lediglich einer kleiner Minderheit von Spaniern bekannt. Zwar wusste diese Minderheit bereits, dass Franco im Ruf der Grausamkeit stand, den er sich während des Rifkriegs in Afrika erworben hatte. Und der sich 1934 in Spanien selbst während der brutalen Unterdrückung des utopischen, sicher ungerechtfertigten Aufstands der asturischen Bergarbeiter bestätigte. Aber schließlich geizte das damalige Spanien nicht mit grausamen Generälen. Franco war lediglich einer der am kaltblütigsten grausamen, der in ihrer gemeinsamen Brutalität entschlossensten. Er hat es gleich nach seiner Erlangung des Postens eines Generalissimus reichlich unter Beweis gestellt. Denn er wurde Generalissimus, *Caudillo Spaniens durch die Gnade Gottes*, verkündete das staatliche Geld auf einer seiner Seiten. Zu der Zeit, als diese Standbilder, zum größten Teil Reiterstandbilder, in ganz Spanien errichtet wurden, gab es auf der Welt nur drei Generalissimi: Stalin, Chiang Kai-shek und Franco selbst!

Jedenfalls befindet sich das Reiterstandbild des Generalissimus vor meinen Augen, auf der andern Seite des Platzes.

Ich bin in der Wohnung von Ángel Gonzáles, einem guten Dichter und guten Genossen, in Madrid an der Plaza de San Juan de la Cruz. Es ist Winter, aber der Himmel ist blau, von einem unter der Sonne dichten, tiefen Blau, dem Anilinblau der Kindheit.

Morgen wird nicht weit von hier ein Wagen parken. Ich werde auf die Sekunde genau zur genannten Zeit am vereinbarten Treffpunkt sein. Ich kenne den Fahrer des Wagens, ich werde mich hineinsetzen. Wir werden ein paar kurze Sätze wechseln, es gibt nicht viel zu sagen, alles klappt, nichts Verdächtiges zu melden, wir können losfahren. Jean D., den ich seit unserer fernen Jugend »Petitjean« nenne, wird um den Brunnen der Plaza de San Juan de la Cruz herumfahren und links zur Nordausfahrt von Madrid abbiegen, Richtung Burgos und französische Grenze.

Es ist Ende 1962 und das Ende meines letzten illegalen Aufenthalts in Madrid.

Seit einiger Zeit war innerhalb des Politbüros der PCE eine Diskussion im Gange. Anfangs über konkrete Probleme, die zweitrangig erscheinen konnten – die Agrarfrage zum Beispiel, die Frage unserer Strategie gegenüber den in Spanien so differenzierten bäuerlichen Schichten –, und zum ersten Mal wurde die unumstrittene, fast rituelle Einstimmigkeit von einer Abstimmung im Politbüro durchbrochen, wodurch eine Mehrheit und eine Minderheit entstand: Letztere war natürlich winzig, da sie nur aus zwei Mitgliedern bestand, aus Fernando Claudín und mir selbst. Oder vielmehr Federico Sanchez. Besagte Diskussion drehte sich sodann um ideologische

Fragen und betraf schließlich das Wesentliche unserer Kampftaktik in Spanien, desgleichen die Analyse der stalinistischen Vergangenheit der UdSSR und die Frage der Beziehungen der spanischen Partei zur kommunistischen Bewegung im Allgemeinen und zur sowjetischen Partei im Besonderen.

Da Santiago Carillo dramatisierte, worum es bei der Diskussion ging; da er die Einheit der Führungsgruppe für unumstößlich erklärte; da er jede Abweichung von der Analyse als spaltendes Verbrechen darstellte, gelang es ihm am Ende der folgenden Monate mit zuweilen brutaler, zuweilen hinterhältiger Hartnäckigkeit, die Meinungsverschiedenheiten oder Zweifel, die im Politbüro entstanden, einzudämmen und uns beide, Claudín und mich, in den Führungsgremien der PCE zu isolieren.

Aber darauf werde ich nicht zurückkommen.

Es ist eine Geschichte, die niemanden mehr interessiert. Ich meine: wirklich interessiert, leidenschaftlich empört, die Gewissheiten oder die Routine der Gedanken in Frage stellt. Alles, was den Kommunismus und die kommunistischen Parteien in der Welt angeht, ist Vorgeschichte. Dass es, davon bin ich überzeugt, in der Diskussion des spanischen Politbüros Anfang der sechziger Jahre des letzten Jahrhunderts – es ist Vorgeschichte, ich sagte es ja! – zumindest im Keim, zweifellos in noch verschwommener, undeutlicher Form, um den Kern der Probleme ging, an denen einige Jahre später das revolutionäre Unternehmen der leninistischen Tradition zerbrochen ist, interessiert nur noch die Historiker. Und selbst dazu bedarf es verdammt spezialisierter Historiker!

Neulich jedoch – und wenn ich *neulich* sage, handelt es sich nicht um eine rhetorische Formulierung, um eine recht einfache und ungeschliffene Weise, die narrative Rede in eine zeitliche Ordnung zu bringen; tatsächlich beginnt erst neulich, vor ein paar Tagen, in diesem Monat Juli 2005, die Niederschrift dieser Geschichte, entwickelt sich diese Reflexion, entfaltet sich dieses Gedächtnis wieder –, neulich jedoch, in einem Pariser Omnibus der Linie 63, einer sehr praktischen Linie, jedenfalls für mich, denn auf der Fahrt durch Paris von Osten nach Westen, oder umgekehrt, durchquert sie Viertel, in denen ich oft zu tun habe, und ist überdies meines Wissens – aber ich bin ein regelmäßiger Benutzer öffentlicher Verkehrsmittel, und mein Wissen ist umfangreich – eine der wenigen Linien, die klimatisierte Fahrzeuge einsetzt, was in diesem Monat Juli überaus schätzenswert ist, neulich also, zwischen den Haltestellen Saint-Guillaume und Saint-Germain-des-Prés, und die Reihenfolge, in der ich diese Haltestellen aufzähle, wird, wenn man darauf geachtet hat, verständlich machen, dass ich an jenem Tag von Westen nach Osten fuhr, habe ich also plötzlich eine Hand auf meiner Schulter gespürt. Ich bin nicht zusammengezuckt, habe mich nicht ruckartig umgedreht, um auf alle Fälle die Stirn zu bieten. Es war eine brüderliche Hand. Eine Hand, die nicht auf meiner Schulter lastete, die sich nicht schwer machte, deren Finger nicht brutal meine Schulter drückten, sondern sie freundschaftlich berührten. Kurz, es war nicht die Hand eines Polizisten oder eines Feindes: ganz im Gegenteil, eine brüderliche Hand, das ist die beste Definition. Ich habe mich also langsam umgedreht, ohne zusammenzuzucken, ohne mir übermäßig Sorgen zu machen. »Sie sind Jorge Semprun«, sagte man mir mit singender Stimme, einer Stimme aus den Antillen, sie ist leicht zu erkennen. Es war die singende Stimme eines langen Kerls aus Martinique mit graumeliertem Haar. Übrigens war auch der Schnurrbart graumeliert. Er hatte die Hand auf meiner Schulter liegen lassen. Ich habe mit einer Geste zugestimmt. Nicht, dass ich immer sicher bin, derjenige zu sein, dessen Name dieser lange Kerl im besten Alter gerade genannt hatte, aber schließlich ist es eine gesellschaftliche Übereinkunft, die man hinnehmen muss. Wäre ich in einem Madrider Bus gewesen – aber in Madrid nehme ich nie den Bus! –, hätte mir jemand in Madrid die Hand auf die Schulter gelegt, und angenommen mir hätte jemand gesagt: *¿Es usted Jorge Semprún?*, dann hätte ich meine übliche Antwort gegeben, denn es ist eine Frage, die mir auch in Madrid gestellt wird, obwohl ich keinen Bus nehme – und im Übrigen werde ich in Madrid im Grunde genommen eher gefragt, ob ich Federico Sanchez bin –, aber meine übliche, vorbereitete Antwort ist in beiden Fällen dieselbe, und sie ist ziemlich lakonisch: *Eso dicen …* »So sagt man.« Eine Antwort, die den doppelten Vorteil hat, präzise, positiv und gleichzeitig distanziert zu sein, ironisch distanziert. So sagt man, in der Tat, aber ich sage nichts, lassen Sie es sich gesagt sein! Wenn man für die Nuancen der Sprache empfänglich ist, und das ist man auch in Madrid, erhalte ich häufig, Sie werden es nicht glauben, abschließend ein einfaches Kopfnicken, eine ausgestreckte Hand, einen verschwörerischen Blick,

und das ist alles. Und völlig ausreichend. Denn es ist nicht möglich, ein wirkliches Gespräch mit allen Leuten zu beginnen, die einen in den öffentlichen Verkehrsmitteln erkennen, nicht einmal auf der Straße!
Aber ich war nicht in Madrid, ich war in einem klimatisierten Bus der Linie 63, in Paris, kurz nach der Haltestelle Saint-Guillaume, und der lange Kerl aus Martinique ließ die Hand auf meiner Schulter, es störte mich nicht, es war eine brüderliche Hand; und ich habe seiner Frage, die eher eine Bestätigung oder eine einfache Feststellung war, mit einer Handbewegung zugestimmt, und er sagte etwas Unvorhergesehenes, sogar Unvorhersehbares, einige völlig unerwartete Worte: »Sie haben doch das Vorwort zum Buch von Claudín über die kommunistische Bewegung geschrieben«, und es stimmte, ich hatte dieses Vorwort geschrieben, aber das war so lange her, über dreißig Jahre! Er erinnerte sich sehr gut, er sprach über das Vorwort und das Buch selbst, vor allem über Claudíns Buch, dessen Namen er sehr korrekt aussprach, als könnte er spanisch, aber warum sollte er nicht spanisch können?, und ich war zwar überrascht, aber auch erschüttert, ja, in Wahrheit eher erschüttert, dass dieser lange Kerl im besten Mannesalter – man sagt das häufig von jemandem, ich weiß nicht, warum, er sei im besten Mannesalter, wenn die Manneskraft gerade im Begriff ist, ihn zu verlassen, aber das war bei dem langen Kerl aus Martinique nicht der Fall, er war wirklich im besten Mannesalter –, dass er von diesem Vorwort sprach, das alle Welt vergessen hatte, als Erstes ich selbst. Denn es war nicht möglich, dass er mich wegen dieses vergessenen Vor-

worts erkannt hat, das in bibliographischer Hinsicht belanglos ist, er hat mich wohl aus einem ganz anderen Grund erkannt, wegen des Fernsehens vielleicht, wegen der Reihe von Sendungen, die ich mit Francis Girod und Olivier Barrot gemacht habe, oder vielmehr die sie mich haben machen lassen, oder wegen eines Buchs, *Die große Reise* und *Schreiben oder Leben* sind die Bücher, die von den Leuten, die mich im Bus oder in der Metro oder einfach auf der Straße ansprechen, am häufigsten genannt werden; doch was auch der wirkliche Grund des Erkennens gewesen sein mag, der lange Kerl aus Martinique hatte sich entschieden, über das Vorwort zum Buch von Claudín zu sprechen, worüber ich erschüttert war, und wir hatten ein wenig über den Essay, über die kommunistische Bewegung und über diese Bewegung selbst gesprochen, es war ein anrührendes, ein wenig irreales Gespräch, und am Ende konnte ich nicht umhin, mit derselben Brüderlichkeit, mit der er seine Hand auf meine Schulter gelegt hatte, ihm den Arm drückend, zu sagen: »Das sind alte, vergessene Schlachten ...« Und er hat den Kopf geschüttelt, energisch, konnte jedoch nicht leugnen, dass diese Schlachten alte Schlachten waren, es gab keine kommunistische Bewegung mehr, keine Schlachten mehr, nichts mehr! Was also mochte er mit dieser kategorischen Geste negieren? Dass sie vergessen waren, das negierte er, und er hatte sogleich sein Empfinden präzisiert: »Aber diese Schlachten mussten geschlagen werden, Sie haben sie zu Recht geschlagen«, versicherte er. Wir waren an der Haltestelle Odéon-Saint-Germain angekommen, dort stieg ich aus. Und wir haben uns verabschiedet: »Salut!« haben wir uns beide zugerufen, und dann stand ich auf dem Trottoir, der Bus fuhr weiter, und einige Minuten lang, als ich, regungslos, den Bus weiterfahren sah und mit ihm den langen Kerl aus Martinique, den ich wahrscheinlich nie wiedersehen würde, einige Minuten lang bin ich nicht mehr der Überlebende der vergessenen und verlorenen alten Schlachten des Kommunismus gewesen, ein alter Mann, der nun keinen anderen Daseinsgrund mehr hat außer dem Leben selbst – und dem jugendlichen Lächeln einiger Lebender –, schienen mir dank diesem langen Kerl aus Martinique die verlorenen Schlachten vielleicht nicht ganz sinnlos gewesen zu sein.

Dennoch will ich mich nicht bei der Geschichte dieser verlorenen Schlacht innerhalb der Führung der PCE aufhalten. Im Übrigen habe ich sie, zumindest in großen Zügen, bereits erzählt.

Vielmehr will ich den Faden meines Berichts wieder aufnehmen.

Während ich also auf das Ende des Ausschlussverfahrens wartete, hatte mich Santiago Carrillo von der Arbeit in Spanien abgezogen – vom Kontakt mit den Aktivisten und den inneren Kadern, auf die ich einen bestimmten, ihm zufolge unheilvollen Einfluss haben könnte – und mich durch einen Führer der PCE ersetzen lassen, der seit dem Ende des spanischen Bürgerkriegs in Moskau lebte, demnach wenig vorbereitet war auf die Anforderungen einer Madrider Illegalität, einer Welt und einer Lebensweise, die ihm völlig unbekannt waren.

Aber Carrillo hat die Treue der Aktivisten immer höher

geschätzt als deren Sicherheit. Tatsächlich hielt sich der arme Genosse nicht lange auf seinem Posten: er wurde einige Monate nach seiner Ankunft in Madrid verhaftet, wo ich zehn Jahre lang durchgehalten habe.

Und meine letzte Reise diente genau dem Zweck, diesen Ersatzmann einigen Verantwortlichen vorzustellen, die er unbedingt persönlich kennen musste, um seine neuen Aufgaben erfüllen zu können.

Für diesen letzten, kurzen Aufenthalt verfügte ich nicht mehr über die Wohnung, die die Partei mir vor ein paar Jahren überlassen hatte. Diese Dienstwohnung, wenn man so sagen darf, war Julián Grimau zugeteilt worden, der im illegalen inneren Kreis des Zentralkomitees in Madrid bereits unter meiner Verantwortung einen Platz eingenommen hatte, bis Santiago Carrillo mich nach unseren wachsenden Meinungsverschiedenheiten entfernt hatte.

Als Grimau im November 1962, wenige Wochen vor meiner letzten Reise, verhaftet wurde, benutzte er nicht mehr meine Wohnung in der Calle Concepción Bahamonde. Diese war verkauft worden, und man hatte eine andere in der Nähe erworben, in der Calle Pedro Heredia. Doch die franquistische Polizei hatte, ich habe nie begriffen, auf welche Weise, nach Grimaus Verhaftung diese Wohnung entdeckt: ein wirklich ungewöhnliches Ereignis. Das aktivistische Ehepaar María und Manolo Azaustre, die sich bereits um meine Wohnung kümmerten und bei Grimau weitermachten, wurde bei dieser Gelegenheit festgenommen und verbrachte lange Jahre im Gefängnis.

Da ich über keine Wohnung mehr verfügte, musste ich mir für diesen letzten Aufenthalt selbst eine Unterkunft suchen. So war ich wieder in derselben Lage wie bei meiner ersten Reise, im Juni 1953, einer Lage, mit der ich ganz allein zurechtkommen musste, da sich der Apparat der PCE darauf beschränkte, einen Pass zu fälschen – im Übrigen tadellos –, der von einem sehr teuren Freund geliefert wurde, Jacques Gradov. Vermutlich wollten die Verantwortlichen des Apparats, bevor sie mir die Dokumente für eine dauerhafte Illegalität lieferten, meine persönlichen Fähigkeiten und meine Entschlossenheit testen.

Jedenfalls wandte ich mich 1962 an Ángel González, da ich seine Diskretion und Genauigkeit kannte. Zudem verfügte González über eine recht geräumige, gut gelegene Wohnung, in der er allein lebte.

Und in dieser stehe ich jetzt, an einem der Wohnzimmerfenster. Zerstreut betrachte ich das Reiterstandbild von General Franco, auf der anderen Seite der Plaza de San Juan de la Cruz, das sich von der modernen und trübseligen Fassade der Neuen Ministerien abhebt.

Hinter mir höre ich die Wohnungstür, die mit Schwung geöffnet und geschlossen wird, das Geräusch eiliger Schritte im Flur.

Ich drehe mich um, Ángel kommt herein, außer Atem.

»Du musst sofort weg!«, schreit er. »Aber sofort! Die Polizei ist dir auf den Fersen!«

Ich hatte Ángel im Kreis der kommunistischen Schriftsteller von Madrid kennengelernt, einer Gruppe von Romanciers und Dichtern. In den Kreisen spanischer kommunistischer Schriftsteller hat es immer Dichter gegeben. Dichter und Romanciers, oft talentierte. Zum Beispiel gehörte auch Juan García Hortelano zum Madrider Kreis.

Ich bitte Ángel um eine Erklärung.

Fieberhaft und ein wenig zusammenhanglos verkündet er mir: aus guter Quelle hat er erfahren, dass die Polizei weiß, wo ich zu finden bin, und dass sie kurz davor ist, mich zu verhaften.

Es ist klar, und es steht für mich außer Zweifel, dass Ángels Fieberhaftigkeit nicht von der Angst um sein persönliches Schicksal herrührt. Einer egoistischen Angst. Für sich selbst fürchtet er nichts, er denkt nicht an die Risiken, die er eingegangen ist, indem er mich beherbergte. Um mein Schicksal ist er besorgt, die mir anscheinend drohende Gefahr macht ihn so nervös.

Ich bitte ihn, noch mal von vorn anzufangen, mir alles genau zu erklären, in logischer Reihenfolge, von Anfang an.

Ángel González war nicht nur Dichter, meiner Meinung nach einer der besten seiner Generation – überbrächte er nicht eine so dringende und gefährliche Nachricht und hätten wir mehr Zeit für Abschweifungen und Umwege, die Freuden eines jeden dieses Namens würdigen Erzählers, so könnte ich hier einige seiner Gedichte übersetzen und kommentieren –, aber damit hätte er nicht sein Brot verdienen können. Vor allem war er Beamter im Verkehrsministerium, was ihm ein wenn nicht anständiges, so doch regelmäßiges Einkommen sicherte. Außerdem

war es praktisch: er brauchte nur die Plaza San Juan de la Cruz zu überqueren, vorbei am Reiterstandbild von General Franco, und schon war er in seinem Büro.
Unter den Redakteuren des Ministeriums, die sich jeden Tag zur Stunde des Aperitifs oder des Kaffees versammelten, manchmal auch zur einen wie zur anderen, denn in den franquistischen Ministerien waren die Leistungsnormen nicht anstrengend – da der Staat genau wusste, dass ihre Löhne unzureichend waren, erlaubte er die Häufung öffentlicher Arbeitsplätze und verschloss auch die Augen vor dem Eindringen der Privatwirtschaft; in der unteren Mittelschicht jener Zeit lebte keiner von nur einem einzigen Gehalt –, unter den Redakteuren also, die regelmäßig den »*tertulia*« genannten Freundeskreis aufsuchten, gab es nicht nur Romanciers und Dichter, sondern auch einen jungen Polizisten. Mit entwaffnender Treuherzigkeit erzählte dieser seinen Kollegen zur Stunde des Aperitifs oder des Kaffees, oder auch zur einen wie zur anderen, je nach der Wichtigkeit der Sache, die er verfolgen sollte, von den Untersuchungen oder Ermittlungen, an denen er beteiligt war. So hatte er ihnen vor einiger Zeit verkündet, dass man ihn in die soziale Ermittlungsbrigade versetzt habe, wie die offizielle Bezeichnung der politischen Polizei lautete. Er war der Abteilung zugeteilt worden, die sich um die seit 1956 ständig aufrührerischen und opponierenden universitären Kreise kümmerte.
»Doch heute, vor kaum einer Stunde«, sagt Ángel, »kommt dieser Typ ganz aufgeregt ins Café, wo wir uns zum Aperitif versammelt hatten, und verkündet mit lei-

ser Stimme, dass sie Federico Sanchez auf den Fersen sind.« »Den ›Tertulianern‹, denen dieser Name nichts sagte«, fährt Ángel fort, »erklärt er, wer Federico Sanchez ist, einer der wichtigsten Leiter der PCE in Spanien, den die Polizei unermüdlich und intensiv, aber vergeblich sucht, seit der Universitätsrevolte 1956, es ist eine Ewigkeit her! ›Und jetzt haben wir ihn!‹ hat der Polizist ausgerufen«, sagt mir Ángel. »›Wir wissen, dass er gerade in Madrid angekommen ist, wir wissen, wo er diesmal wohnt, wir sind kurz davor, ihn zu verhaften! Du musst sofort verschwinden‹, schließt er. Ich habe erklärt, ich müsse mit meiner Mutter essen, und bin abgehauen, um dich zu warnen. Zum Glück wohne ich so nah!«
Ich bemühe mich, ihn zu beruhigen. Ich weise ihn auf einige Unwahrscheinlichkeiten dieses Berichts hin.
»Es ist möglich«, sage ich ihm, »dass die soziale Brigade von meiner Ankunft in Madrid Wind bekommen hat. Innerhalb weniger Tage habe ich viele Leute gesehen, in ganz verschiedenen Milieus. Irgendein Aktivist kann geschwätzig gewesen sein, vielleicht hat er sich damit gebrüstet, dass er mir begegnet sei. Aber niemand weiß, dass ich bei dir bin, Ángel! Nicht einmal die Leute aus dem Zentralkomitee, die in Madrid sind … Hast du etwas davon erwähnt? Gegenüber einer Frau, einem engen Freund?«
Er verneint es kategorisch.
»Ich habe nicht mal mit mir selber darüber gesprochen«, versichert er.
Unverkennbar sagt er die Wahrheit.
»Andererseits«, sage ich, »wenn sie wissen, wo ich bin –

wenn sie also wissen, dass ich bei dir wohne –, glaubst du, dieser Typ würde es in deiner Gegenwart sagen? Damit würde er die Verhaftung vereiteln ...«

»Vielleicht will er das ja«, sagt Ángel, »vielleicht ist er ein anständiger Typ, der versucht, eine Botschaft zu übermitteln!«

Ich schüttele den Kopf.

»Anständige Typen gibt es in allen Verwaltungen, allen staatlichen Einrichtungen, sogar auf ziemlich hohen Ebenen ... Aber ich kann dir garantieren, dass es bei der politischen Polizei noch keinen Einzigen gibt!«

»Was machen wir also?«

»Nichts«, sage ich. »Morgen fahre ich weg. Um elf Uhr morgens wird ganz in der Nähe ein Wagen stehen. Ich muss niemanden mehr treffen. Ich wollte heute Mittag ein letztes Mal in den Prado gehen. Aber ich rühre mich nicht vom Fleck.«

Ich sehe ihn an.

»Es sei denn, es ist dir lieber, wenn ich gehe«, sage ich. »Ich kann meinen französischen Pass benutzen und die Nacht im Hotel verbringen. Im Ritz, zum Beispiel. Ich wollte schon lange einmal im Ritz schlafen!«

»Nein«, sagt er. »Bleiben wir hier, ganz ruhig. Wir können uns Sandwiches machen, es ist alles da. Und dann erklärst du mir in aller Ruhe, was in der Partei los ist, worüber diskutiert wird, warum man dich auswechselt ...«

Ich unterbreche ihn.

»Das ist eine lange Geschichte«, sage ich.

»Umso besser«, sagt er, »ich liebe lange Geschichten!«

Fünfundzwanzig Jahre später nahm ich in Madrid an einem diplomatischen Empfang teil, ich weiß nicht mehr in welcher Botschaft. Damals gehörte ich der Regierung von Felipe González an, als Kultusminister. Ein etwa vierzigjähriger Mann kam auf mich zu. Ich hatte diesen Unbekannten bereits bemerkt, der sichtlich auf eine Gelegenheit lauerte, mich anzusprechen. Sicher wartete er, bis weniger Leute um mich herum wären.

Ich hatte diese Gewohnheit aus der Illegalität beibehalten: immer meine Umgebung zu beobachten; immer ein Auge auf meine Nachbarn, ihre Bewegungen, ihre Körperhaltung zu haben. So viele Jahre später, sogar in einer Botschaft, sogar von einer Leibgarde geschützt, sogar lange nach dem Tod von Franco – dessen Reiterstandbilder hier und da noch zu sehen waren! –, hatte ich diese Gewohnheit beibehalten, eine Art bedingten Reflex, obwohl die Bedingungen, die ihn ausgelöst hatten, verschwunden waren.

Dieser Mann von ungefähr vierzig Jahren trug einen kleinen Schnurrbart, dem der Maler Eduardo Arroyo mit einer Reihe von Porträts zur Unsterblichkeit verholfen hat: den Schnurrbart des spanischen Macho, des Machtmenschen oder erfolgreichen Verführers.

Offensichtlich wartete er auf eine günstige Gelegenheit, sich mir zu nähern. Jetzt bin ich einen Moment lang allein. Und schon kommt er mit großen Schritten auf mich zu.

»Herr Minister«, sagt er, »ich bin Herr Soundso, Polizeiinspektor!«

Es war eine der von mir erwogenen Möglichkeiten, dass es sich um einen Polizisten handelte.

Ich sage nichts, gebe ihm nicht die Hand, ich warte auf die Fortsetzung, sie kommt.
»Meine erste Arbeit als Inspektor bestand darin, Ihnen zu folgen!«
Ich wundere mich, bitte um Präzisierung.
Damals hatte er gerade seine Aufnahmeprüfungen bestanden. Er war zur Polizei zugelassen worden. Man hat ihn einbestellt und ihm seinen ersten Auftrag erteilt: mir zu folgen.
»In welchem Jahr?«, frage ich so schroff wie möglich.
Er nennt mir ein Datum Anfang der siebziger Jahre.
Ich lache ihm ins Gesicht.
»1972«, sagte ich, »war das in keiner Weise Ihr Verdienst und von keinerlei Interesse ... Ich hatte einen echten Pass, ich reiste legal ... Vor dieser Zeit hätte man mir folgen müssen ...«
Das bestreitet er nicht. Dennoch erklärt er mir seine kleine Geschichte, der es nicht an einem gewissen Reiz fehlt.
Er war also in die Generaldirektion der Sicherheitspolizei einbestellt worden. Man hatte ihm meinen richtigen Namen genannt, hatte ihm gesagt, dass ich Federico Sanchez gewesen sei, verkündet, dass ich am nächsten Tag aus Paris hier ankommen werde, mit einer Maschine der Air France, unter folgender Nummer, um folgende Uhrzeit. Dass er mich überwachen, mich beschatten, aber nicht eingreifen solle, was immer geschehe, dass er lediglich die Namen aller Personen notieren solle, die ich träfe. Das war alles: die Polizei wollte wissen, wen ich in Madrid aufsuchte.

Nach meinem Ausschluss aus der PCE hatte ich im spanischen Konsulat von Paris um einen Pass nachgesucht. Jahrelang hatte man mir diesen Pass verweigert, aber ich ließ nicht locker, bat auch Freunde – an erster Stelle Luis Miguel Dominguín, den berühmten Torero, Bruder eines Aktivisten, der mir sehr nahestand und für mich wichtig war, Domingo –, sich für mich einzusetzen, was er im Übrigen ohne zu zögern tat. Drei Jahre später bestellte mich das spanische Konsulat plötzlich ein und teilte mir mit, dass sie die Erlaubnis hätten, mir einen Pass zu geben. Er müsse mir allerdings, sagte der Beamte, der mich empfing, eine Warnung aus Madrid übermitteln: auf eigene Gefahr. *Por su cuenta y riesgo …* Ich erklärte dem Konsul, ich hätte mein Leben lang alles auf eigene Gefahr getan, also nichts Neues: los, er solle ihn rausrücken, diesen verdammten Pass!

Im Grunde wunderte es mich nicht, bei meinen Aufenthalten in Spanien überwacht worden zu sein. Allerdings überraschte mich, dass diese Beschattung – die im Übrigen diskret und geschickt war, ich habe nie etwas bemerkt – so lange dauerte, fast fünf Jahre.

Gut, ich wusste genug, ich habe diesen Polizeiinspektor weggeschickt.

Und kommt ein paar Minuten später wieder auf mich zu. Er ist nicht mehr allein, er wird von einem älteren Mann begleitet, dessen Gesicht mir etwas sagt. Ich habe den Eindruck, dieses Gesicht schon einmal in der Presse oder im Fernsehen gesehen zu haben. Ein Gesicht, das mir etwas sagt, das Erinnerungen wachruft: im Übrigen eher unangenehme.

Der Inspektor lässt mich nicht lange im Zweifel, im Unklaren über einen unangenehmen Eindruck.
»Herr Minister, ich stelle Ihnen Kommissar B. vor.«
Er ist sichtbar glücklich, einander zwei Persönlichkeiten vorzustellen: einen Minister und einen berühmten Kommissar am Ende seiner Karriere.
Denn Kommissar B. ist eine Persönlichkeit. Er war der letzte Chef der politischen Polizei, der berüchtigten »sozialen Brigade« der Franco-Diktatur. Aufgrund seiner unleugbaren Kompetenz im Kampf gegen den Terrorismus der ETA hatte die spanische Demokratie ihn von Anfang an mit dem Status eines Beraters des Nachrichtendienstes weiterhin diskret verwendet.
Kommissar B. sieht mich an. Ich bedenke ihn mit demselben kalten Blick, demselben Schweigen.
Doch dem Inspektor mit dem spanischen Schnurrbart gelingt es nicht zu schweigen. Er ist wie immer redselig.
»Ich erklärte gerade dem Minister, Herr Kommissar, dass meine erste berufliche Arbeit darin bestand, ihm zu folgen ...«
Der andere unterbricht ihn, mich weiter ansehend. Er hat ein sonderbares Funkeln in den Augen.
»Ja«, sagt er schroff. »Der Minister ist jemand, dem wir oft gefolgt sind ...«
Ich schicke mich an, ihm zu widersprechen, aber er kommt mir zuvor, lässt mir nicht die Zeit dazu.
»Ich meine: jemand, dem wir oft zu folgen versucht haben!«
Er setzt alles dran, das Wort »versucht« zu betonen: *intendado*.

Mejor dicho: alguien que hemos intentado seguir mucho. Wir standen uns noch immer gegenüber, wir sahen uns noch immer in die Augen.

»Kommissar«, sagte ich ihm, »das ist das beste Kompliment, das man mir machen kann ... Jedenfalls das mir liebste!«

Aber es durfte sich nicht in die Länge ziehen. Vor allem durfte er sich nicht einbilden, wir beide könnten ein friedliches Gespräch führen. Der Übergang Spaniens zur Demokratie hatte, unter anderen Ursachen, den doppelten Beweggrund, die doppelte – zumindest im Augenblick – außerordentlich wirksame, fruchtbare Motivation der Amnestie und der Amnesie, beide aus der Tiefe des Volkswillens emporgestiegen.

Doch in diesem Augenblick wollte ich nichts vergessen. Auch nichts verzeihen.

»Kommissar, Sie können gehen«, habe ich ihm gesagt.

Ich habe ihm den Rücken gekehrt und habe mich an Ángel González erinnert, den guten Dichter und guten Genossen. Ich habe mich an die letzten Stunden von Madrid in seiner Gesellschaft erinnert, im Jahr 1962. *Ich habe mehr Erinnerungen, als wär ich tausend Jahre alt*, sagte ich mir. In gewisser Weise ist es ein Glück: solange die Erinnerungen herbeiströmen, schlägt noch das Herz.

So werde ich von meinem zwanzigsten bis zu meinem vierzigsten Lebensjahr regelmäßig mit der Möglichkeit einer Verhaftung konfrontiert gewesen sein. Zwei Jahrzehnte: Jahre der Bildung, der Reifung (Bildungsjahre nach dem treffenden deutschen Ausdruck) mit der mehr oder weniger fernen, manchmal unmittelbaren Wahrscheinlichkeit einer Verhaftung – folglich der Folter. Zwei Jahrzehnte, in denen ich außerhalb des Gesetzes lebte, zumindest an dessen Rand, mit falschen Papieren.

Gewiss, wäre ich im zweiten Jahrzehnt dieses illegalen Lebens auf einem Pariser Flughafen verhaftet worden, bei der Rückkehr von einer Reise in ein Land des Ostens (normalerweise bei der Rückkehr aus Prag, da diese Stadt während all dieser Jahre die logistische Basis der PCE hinter dem Eisernen Vorhang gewesen ist, was in doppelter Hinsicht ein Glück war: erstens, weil Prag eine wunderschöne Stadt war, die ich unermüdlich bis in ihre geheimsten Winkel durchstreifte; und zweitens, weil die oft kurzen, aber ab 1954 häufigen Aufenthalte in Prag dazu beitrugen, meine Sicht der Welt zu bereichern, indem sie sie nuancierten, dem selbstgefälligen, bornierten Optimismus des kommunistischen Dogmas widersprachen; denn Prag bot mir, wenn ich von Madrid oder Paris kam, hinter seiner nostalgischen und pathetischen Schönheit das eintönig graue Bild des real existierenden Sozialismus: die graue Eintönigkeit der Kleidung, der Schaufenster, der Gesichter, der Stimmungen, der offiziellen Rede. Es gab Gründe, sich Fragen zu stellen. Doch wenn ich auf der Rückreise aus Moskau hier eintraf, bot mir Prag im Gegenteil die wenn auch dahinschwindende Vielfalt, den wenn auch erloschenen Glanz des europäischen Westens; wenn ich aus Moskau in Prag eintraf, hatte ich den Eindruck, heimzukommen, was, wie man ahnen kann, nicht bedeutungslos war), wäre ich also, aus Prag kommend, auf einem Pariser Flughafen von einem französischen Polizisten verhaftet worden, der irgendetwas Anor-

males an meinen falschen Papieren festgestellt hätte – eine wenig wahrscheinliche Hypothese, aber man konnte sie nicht völlig ausschließen –, dann wären die Folgen zwar ärgerlich, aber nicht dramatisch gewesen.
Desgleichen wenn ich zum Beispiel in Behobia verhaftet worden wäre, auf der französischen Seite, beim Passieren der spanischen Grenze in die eine oder andere Richtung.
Wie dem auch sei, zu Beginn dieser Jahrzehnte außerhalb des Gesetzes hatte ich in der Euphorie der Jugend, der Lehrjahre die Neigung, dieses illegale Leben als eine Art Privileg zu betrachten, als ein Zeichen der Zugehörigkeit zu einer Art Ritterschaft, als eine glückliche, ziemlich belebende Besonderheit, die mich vom gewöhnlichen Sterblichen radikal unterschied. Ich empfand nicht das Bedürfnis, diese Besonderheit zu verkünden, in meinem Verhältnis zu anderen irgendeinen Vorteil oder Nutzen daraus zu ziehen. Ich genoss sie im Stillen, sie genügte sich selbst. Es war ein offenkundiger, aber uneingestandener, nicht einzugestehender Reichtum, etwas Unausgesprochenes, das meine Illusionen nährte, meine Überzeugungen, meine Träume.
Und dann, in dem Maße, wie die Zeit verging, gewöhnte ich mich an diesen Status, an diese Lebensweise, in der das Risiko, das Unvorhergesehene, die Gefahr nicht nur alltäglich, sondern auch gewissermaßen Berufsroutine wurden; in dem Maße auch – unmöglich, dem nicht Rechnung zu tragen –, in dem die lyrische Illusion verging, in dem die einzige Gewissheit, lebendig, fruchtbar zu bleiben, die Gewissheit der Notwendigkeit, der Richtigkeit

und der Gerechtigkeit des Kampfs gegen die faschistische Diktatur war, auch wenn er nicht zu einer revolutionären Parusie führte; in dem Maße, wie der schöne Satz von Ernest Renan, *es kann ja sein, dass die Wahrheit traurig ist*, in meinem Geist ein schärferes Profil gewann, vor allem ab 1956 und dem XX. Parteitag der KPdSU; in dem Maße vielleicht, in dem ich einfach nur älter wurde, hörte ich auf, die Besonderheit meines Lebens als eine Art Privileg zu betrachten, gleichsam mit dem Nimbus charismatischer Salbung versehen.

Denn alles hat ein Ende, sogar der verständliche, zweifellos maßlose Stolz auf ein Doppelleben voll akzeptierter Risiken, Entdeckungen und Begegnungen. Alles im Leben hat ein Ende, sogar die Gründe, zu leben. Aber weshalb sollte man nicht ohne Gründe leben? Ich meine außer einem anderen Grund als dem, zu leben, mit all seinen Konsequenzen. Ein neues Leben, ebendies erwartete mich ohne andere Gründe zu leben als denen des Lebens selbst; ohne besonderes Risiko außer dem des Todes selbst, ein in der Leere seiner ontologischen Evidenz so banales, so universelles Risiko, dass es keine Erfahrung eines besonderen Lebens außerhalb der Norm begründen konnte.

An all dies dachte ich, als ich nach meinem letzten illegalen Aufenthalt Madrid verließ.

II

Rückkehr ins Lutetia

Die Bar des Lutetia lag noch immer im Halbdunkel, war aber weniger günstig: sie hatte sich nach und nach gefüllt.
Bald war es an der Zeit, ans Weggehen zu denken.
Warum war ich eigentlich hergekommen?

Ich komme oft an diesem Hotel vorbei. Meine üblichen Wege in Paris bringen es mit sich, dass ich oft die Kreuzung überquere, an der es steht: Spazier- oder Arbeitswege, zu Fuß oder im Auto. Doch an jenem Tag, heute, in diesem Juli 2005, hatten mich einige ungewöhnliche Plakate aufmerken lassen, die sich an den Straßenlaternen aneinanderreihten, an der Kreuzung Boulevard Raspail und Rue de Sèvres.
Als ich mich einem dieser Plakate näherte, konnte ich feststellen, dass hier kurze historische Texte und zahlreiche Fotografien an den Jahrestag der Rückkehr der Überlebenden aus den Nazi-Lagern erinnerten.
Denn im Juli 1945, vor sechzig Jahren, war das Lutetia in eine zentrale Auffangstelle für diese Wiedergänger umgewandelt worden.
Ich habe einige der Texte gelesen, lange die Fotos betrachtet. Ich hatte ein etwas beunruhigendes Gefühl. Auch wenn ich genau wusste, mit unumstößlichem Wissen ohne irgendeine Art von Unsicherheit, dass ich 1945 nicht

über die Aufnahmestelle des Lutetia aus Buchenwald zurückgekehrt war, schienen einige dieser Bilder persönliche Erinnerungen wachzurufen. Ich hatte den Eindruck, bei den Szenen dabei gewesen zu sein, die die ausgestellten Fotos zeigten. Den Eindruck, Gesichter wiederzuerkennen, die darauf zu sehen waren.
Aber ich bin nicht über das Lutetia aus Buchenwald zurückgekehrt, das wusste ich genau.

Eines Tages Ende April in jenem fernen Jahr ist Yves Darriet plötzlich aufgetaucht, außer Atem.
»Was treibst du hier?«, schrie er. »Ich suche dich überall!«
Yves war mein ältester französischer Kumpel in Buchenwald. Wir waren zur selben Zeit aus Compiègne angekommen, vielleicht mit demselben Transport. Jedenfalls haben wir uns im selben Quarantäneblock 62 wiedergefunden und kennengelernt.
Er kam außer Atem angerannt.
Ich aber saß im Frühlingsgras in dem Wäldchen, das die Baracken des Reviers, des Lager-Krankenbaus, umgab. Ich betrachtete die Thüringer Ebene, draußen, jenseits des Stacheldrahts und der Wachtürme, die von der SS seit der Ankunft der amerikanischen Soldaten am 11. April aufgegeben worden waren.
In der Sonne sitzend, betrachtete ich die Thüringer Ebene, das nahe gelegene Dorf Hottelstedt, den häuslichen Rauch.
»Gar nichts«, sage ich, »ich schaue!«
Er macht dasselbe, sichtlich überrascht, er betrachtet die Landschaft.

»Nach was schaust du denn? Es gibt nichts zu sehen!«
Ich belehrte ihn eines Besseren.
»O doch! Das Draußen ist zu sehen! Wir sind immer noch drinnen, und dort ist das Draußen!«
Er wurde unruhig.
»Genau: das Draußen! Da gehen wir hin, Gérard ... Wir können sofort nach Paris zurück ... Bist du bereit?«
Ich bin aufgesprungen. Natürlich war ich bereit!
Er zieht mich mit sich, erklärt es mir.
Eine französische Repatriierungsmission, die von Abbé Rodhain, war in Buchenwald eingetroffen: eine katholische Hilfsorganisation. Einer ihrer Lastwagen fuhr nach Paris, ja, sofort. Er hatte mir in diesem Gefährt einen Platz reserviert, an seiner Seite. Seit einer Stunde suchte er mich, hatte mich durch Zufall gefunden.
So war es, wir fuhren sofort los, zusammen.
Aber wir sind nicht über das Lutetia zurückgekommen.
In unserm Fall hatten die Formalitäten der Identifizierung im Repatriierungslager von Longuyon stattgefunden, kurz nach Passieren der Grenze zwischen Luxemburg und Frankreich. Dann hatte uns der Lastwagen der Rodhain-Mission in Paris, Rue de Vaugirard, abgesetzt, wo jeder von uns in sein trautes Heim zurückgekehrt war.
Nun, in meinem Fall war das »traute Heim« eine Redensart; unnötig, darauf zurückzukommen.
Doch in den folgenden Wochen war ich manchmal ins Lutetia gegangen, um mich nach meinen spanischen Kumpels aus Buchenwald zu erkundigen, die noch nicht wieder aufgetaucht waren. Einmal habe ich Yves Darriet wie-

dergesehen, der irgendjemanden suchte. Wir haben zusammen ein Bier getrunken, wir haben uns versprochen, uns wiederzusehen.
Wir haben dieses Versprechen übrigens gehalten.
In der Bar des Lutetia, sechzig Jahre später, habe ich mich an Yves Darriet erinnert.

Einige Wochen vor meiner Entdeckung der Plakate zum Gedenken an die Rückkehr der Deportierten im Jahr 1945 hatte ich einen Brief erhalten.
Er war auf den 18. Mai 2005 datiert, hatte jedoch lange gebraucht, bis er mich erreichte. Oder vielmehr ich hatte lange gebraucht, bis ich ihn entdeckte, denn er war, ich weiß nicht warum, an die Adresse eines Hauses geschickt worden, das ich in der Nähe von Nemours, im Gâtinais, besitze und in dem ich lange Zeit nicht mehr gewesen war.
Wie dem auch sei, dieser Brief erwartete mich in Garentreville.
Noch bevor ich den Namen und die Adresse meines Korrespondenten entzifferte und den in deutscher Sprache auf der Maschine geschriebenen Text zu lesen begann, ist mir die Qualität des Papiers aufgefallen. Ich meine seine schlechte Qualität, die seltsame Konsistenz des gelblichen, töricht glänzenden Papiers, wie es für die Produktion der ehemaligen Ostblockregimes typisch war.
Deshalb habe ich, noch bevor ich wusste, worum es in diesem Schreiben ging, geahnt, dass es aus einer ehemaligen »Volksrepublik« kam.
Tatsächlich war der Brief in Olomouc, in der tschechischen Republik, aufgegeben worden.

Ich dachte noch, dass das nicht sehr ermutigend sei. So wenig Fortschritt in fünfzehn Jahren, zumindest was die Herstellung eines ordentlichen Briefpapiers anging, wirklich nicht ermutigend!
Der Autor dieses Briefs hieß Miroslav Hajtmar. Er nannte seine Adresse – Karolíny Světlé 6, Olomouc 779 00 – und präzisierte in Klammern, dass er ein »ehemaliger Häftling im KZ Buchenwald, Nummer 42768« war.
Als ich diese Kennziffer sah, konnte ich schließen, dass Hajtmar wahrscheinlich im zweiten Halbjahr 1943 im Lager angekommen war. Einige Wochen vor mir, vermutlich. Meine Erfahrung in der Zentralkartei des Lagers erlaubte mir diese Hypothese.
Aber dieser Name, diese Kennziffer sagten mir nichts, erinnerten mich an nichts. Hajtmar gehörte nicht zur Gruppe der tschechischen Kumpels, an die ich mich erinnern konnte.
Doch das Interessanteste, für mich zumindest, war, dass er Musiker in der Jazzband gewesen war, die Jiří Zak in Buchenwald gegründet hatte. »Was mich betrifft, ich habe in dieser Big Band Saxophon und Klarinette gespielt«, schrieb er. Aber er lässt sich nicht über diese musikalische Tätigkeit aus – die doppelt illegal war, da die Jazzband ohne Wissen der SS-Leute, die diese »entartete« Musik hassten, wie der deutschen kommunistischen Veteranen üben musste, die diese Musik »imperialistischer Dekadenz« verabscheuten –, er äußert sich dazu nicht, weil er weiß, dass ich lange darüber gesprochen habe.
Er sei, so schrieb er, »ein fleißiger Leser Ihrer schriftstel-

lerischen Arbeiten« gewesen, »*L'écriture ou la vie* und *Der Tote mit meinem Namen*« …
Sollte er das erste der genannten Bücher auf Französisch gelesen haben? Hajtmar nennt den französischen Titel. Was das zweite betrifft, so nennt er den Titel der deutschen Übersetzung von *Le mort qu'il faut.*
Natürlich ist das nicht das Wesentliche.
Das Wesentliche ist, dass Miroslav Hajtmar, ein tschechischer Häftling, Klarinettist und Saxophonist im Orchester von Jiří Zak, mir in seinem Brief ein außergewöhnliches Dokument schickt: eine Fotokopie des Konzertprogramms, das diese Gruppe nach der Befreiung von Buchenwald durch die 3. US-Armee von Patton öffentlich gegeben hatte.
Genau am 19. April 1945.
Am Ende des genannten Programms, das in Englisch abgefasst war – zweifellos für die amerikanischen Soldaten gedacht –, kann man lesen: *Leader of the Band: Ives Darriet, France.*
Voilà: schon lange war Darriet in meinem Gedächtnis, in meinem Leben nicht mehr erschienen. Aber es trifft sich gut, er kommt zur rechten Zeit. Auch er drängt mich, diese Arbeit des Schreibens zu beginnen.
Vielmehr des nochmaligen Schreibens.

An dem Tag, an dem ich den Brief von Miroslav Hajtmar gefunden habe, war schönes Wetter. Der Garten von Garentreville stand in Blüte. In dem grasbewachsenen Raum zwischen den beiden L-förmigen Flügeln des Hauses stand man wie in einem Gedicht von José-Maria de Heredia »im Schatten des blühenden Gewölbes der Trompetenbäume ...«

Als ich den Umschlag öffnete, um ihm den Text zu entnehmen, der mit der Maschine auf dem seltsamen Papier, eine Erinnerung an den »real existierenden Sozialismus«, geschrieben war, entglitt ihm ein weiteres Blatt: die Fotokopie des auf Matrizen vervielfältigten Programms des ersten Konzerts, RHYTHMUS lautete der Titel, und dieses in Großbuchstaben gedruckte Wort umgaben Zeichnungen von Musikinstrumenten. Die Kopfzeile war in drei Sprachen abgefasst: in Tschechisch, Englisch und Französisch.

»Concert de jazz dans le libre Buchenwald« – Jazzkonzert im freien Buchenwald –, lautete die französische Version.

Es folgte die Reihenfolge der vom Orchester bei dieser Gelegenheit gespielten Stücke.

Chinatown, Solitude, Caravan, In the Mood, A Tisket A Tasket, Tiger Rag unter anderem.

Im zweiten Teil des Konzerts gab es auch Chansons: *Ménilmontant* und *La Polka du Roi*.

Ich erinnere mich an den sehr jungen Häftling, der diese Chansons bei den abendlichen Zusammenkünften sang, die im strengen Winter 1944/45 in den französischen Blocks organisiert wurden. Und nun erschien sein Name auf dem Programm! Ein Name, der mir dort nicht bekannt war. Ein Name, den ich sechzig Jahre später entdeckte. Er stand auf dem Programm, das Hajtmar mir schickte, der tschechische Musiker der Jazzband von Buchenwald, die Jiří Zak gegründet hatte, ein Kommunist,

Mitglied des illegalen Widerstandsapparats, gestorben im Hamburger Exil, da er nach dem Einmarsch der sowjetischen Truppen und der »Normalisierung« des Prager Frühlings 1968 aus seinem Land geflohen war.
Ich kannte diesen Namen nicht, das Programm teilte ihn mir endlich mit: *Vocal, Widerman, France.*
Er hieß also Widerman, der so begabte französische junge Häftling, der seine Kameraden tief erschütterte, indem er die Erfolgschansons von Charles Trenet sang. »Ménilmontant, mais oui, madame ...«
An einem Sonntag, einem der letzten Sonntage jenes Winters, des letzten Winters, des härtesten Winters all jener Jahre, haben wir die Stimme des jungen Franzosen über die Lautsprecheranlage des Lagers gehört. Vermutlich hatte einer der Lagerältesten von Buchenwald – der höchste Posten in der Hierarchie der inneren Häftlingsverwaltung – oder irgendein anderer deutscher kommunistischer Veteran, vielleicht der Kapo der *Arbeit*, Willi Seifert – er war dazu durchaus imstande! –, den SS-Offizier, den Rapportführer, überzeugen können, Widerman, denn so war sein Name, singen zu lassen.
Es sei gut für die Moral der Franzosen, hatte er wohl gesagt, in ihrer Sprache jemanden singen zu hören, es sei eine Abwechslung zu den ewigen deutschen Schlagern von Zarah Leander! Und was gut für die Moral sei, sei gut für die Produktivität der Häftlinge. Und die Produktivität der Franzosen sei, wie allgemein bekannt, eine der schwächsten in den Gustloff-Rüstungswerken oder den DAW. Nur die Russen seien noch unproduktiver!
Wahrscheinlich war es dem Lagerältesten – vielleicht Hans

Eiden – mit derartigen Scheinargumenten oder Spitzfindigkeiten gelungen, den Rapportführer davon zu überzeugen, Widerman über die Lautsprecheranlage *Ménilmontant* singen zu lassen.

Jedenfalls war an einem Sonntag, gegen Mittag, als die Häftlinge zu Tausenden auf dem Appellplatz standen, die Stimme des jungen Widerman ertönt: »Ménilmontant, mais oui, madame ... «

Eine Art kaum wahrnehmbares Beben, starkes Atmen, stummes Aufschluchzen vor Glück lief durch die Menge der Häftlinge. Zwar verstanden die meisten die Sprache nicht: der genaue Sinn der Worte entging ihnen wahrscheinlich. Aber es war ein französisches Chanson mit lebhaftem, mitreißendem Rhythmus, das genügte.

So hat plötzlich für diese Tausende von Europäern jeglicher Herkunft – Russen, Polen, Tschechen, Ungarn, Spanier, Niederländer, kurzum, alle Europäer waren hier, nur die Engländer fehlten, natürlich wegen der Freiheit der Inselbewohner –, für diese Tausende von Häftlingen, in ihrer großen Mehrheit Aktivisten des Maquis und der Widerstandsbewegungen, hat das Chanson von Charles Trenet plötzlich die Freiheit symbolisiert: ihre Vergangenheit voller Freuden und Kämpfe, ihre nahe siegreiche Zukunft.

Es ist bekannt, alle Arten von Zeugnissen und Dokumenten bezeugen es, dass die französischen Häftlinge in den Nazilagern, und besonders in Buchenwald, ihren Unglücksgefährten imponierten – moralisch imponierten, versteht sich – durch ihren Mut und ihre Solidarität, um den miserablen politischen Ruf Frankreichs bei den

Bürgern Mittel- und Osteuropas zumindest ein wenig aufzuhellen – einen Ruf, der dem zu verdanken war, was alle als Verrat empfanden, als ein Im-Stich-Lassen, einen egoistischen und ängstlichen Verzicht: der Kapitulation von München angesichts der Ansprüche Hitler-Deutschlands.

Doch trotz dieses allgemeinen Gefühls der Enttäuschung oder des Grolls, trotz dieser Schwächung des moralischen Ansehens Frankreichs, weil es 1938 die junge tschechische Republik im Stich gelassen hatte, an deren Aufbau aus den Trümmern des Kaiserreichs nach 1919 es entschieden beigetragen hatte, trotz dieses historischen Streits blieb Paris die Stadt des Lichts.

Oder vielmehr: Stadt der Lichter – der Aufklärung.

Während meines Aufenthalts in Buchenwald haben mir Zeugen die entsetzliche Stille der Trauer geschildert, die sich im Juni 1940 über die Nazilager gesenkt hatte, als sich die Nachricht vom Fall von Paris verbreitete. Andere Zeugen haben mir später – der Bericht von Gustaw Herling in dem großartigen Buch *Eine Welt ohne Erbarmen* ist ein Beispiel dafür – von einer ähnliche Stille erzählt, die im gleichen Moment über die sowjetischen Gefängnisse und Lager hereingebrochen war.

Ich selbst hatte einige Monate zuvor, im August 1944, ein vergleichbares Ereignis miterlebt, obwohl es genau die gegenteilige Bedeutung hatte. Ich hatte – keiner dachte an jenem Tag daran, die französischen Genossen herablassend anzusehen! – die Freude miterlebt, die in Buchenwald an dem Tag ausgebrochen war, als die Nachricht von der Befreiung von Paris bekannt wurde.

»Ménilmontant, mais oui, madame …«
Die junge Stimme von Widerman, dessen Namen ich soeben, sechzig Jahre später, durch Zufall erfahren hatte – aber gibt es einen Zufall bei dem Zusammentreffen von Ereignissen, die in meinem Leben immer der Anstoß zum Schreiben waren? –, die junge Stimme von Widerman hat über Tausende von Männern, in Habachtstellung erstarrt, den Atem der Freiheit wehen lassen.
Aber nicht nur den Namen des jungen französischen Sängers erfuhr ich beim Lesen des von Miroslav Hajtmar geschickten Konzertprogramms.
Denn abgesehen von dem Namen eines der Saxophonisten, Markowitsch, eines französischen langen Kerls serbischer Herkunft, herzlich und kämpferisch, den ich gut gekannt hatte, waren alle anderen Namen der Orchestermusiker neu für mich. Vermutlich hätte ich die meisten von ihnen wiedererkannt, hätte sie identifiziert, wenn ich ihnen begegnet wäre, aber ich hatte ihre richtigen Namen nicht gewusst.
So erfuhr ich sechzig Jahre später, dass der belgische Schlagzeuger Verdenne hieß; der erste tschechische Gitarrist Muzik; der zweite, niederländische, Tase. Und der deutsche Pianist Goldschmidt.

Aber ich hatte das Konzert vom 19. April 1945 vergessen.
In gewisser Hinsicht überrascht mich das nicht übermäßig. Ich habe irgendwo einmal gesagt – aber ich kann es wiederholen, so erstaunlich und unerschöpflich ist diese Wahrheit –, dass die kurze Zeit meines Lebens, jene vierzehn

langen Tage, die zwischen der Befreiung des Lager am 11. April und meiner Ankunft in Paris am 30. lagen, am Vortag des 1.-Mai-Umzugs, dass diese zwei Wochen für mich gleichsam aus meinem Gedächtnis gelöscht sind. Gewiss sind bisweilen Gesichter, Episoden, eher kurze, aber sehr präzise, von einem intensiven Licht umgeben, aus dem Vergessen aufgetaucht. Mit ihnen, jedenfalls einigen von ihnen, habe ich meine Erfahrung in den Berichten *Die große Reise* und *Schreiben oder Leben* rekonstruiert.

Doch wenn ich diese Erinnerungsbrocken Stück für Stück zusammensetze oder vor mir ausbreite – ich meine auf der visuellen und gedanklichen Ebene meiner Gedächtnisarbeit – wie die ungeordneten Teile eines Puzzles, kann ich nur einige wenige Stunden realer Zeit mit plausiblen Ereignissen füllen. Ein paar Zeitinseln, wiedergefunden in einem dichten Nebel, in einem Ozean unbewussten, aber hartnäckigen Vergessens: undurchdringlich, unzugänglich, unerklärlich.

Jedenfalls hat keine Anstrengung der Anamnese – eine Übung, für die ich doch recht begabt bin – mir je ermöglicht, eine persönliche Erinnerung an das öffentliche Konzert der Jazzband von Jiří Zak, das am 19. April 1945 stattfand, dem Nichts zu entreißen.

Ich weiß, dass es stimmt, ich habe keinen Grund, an dem Dokument zu zweifeln, das Miroslav Hajtmar mir geschickt hat. Dieses Programm enthält genügend Elemente, deren Wahrheitsgehalt ich bestätigen kann – angefangen mit den Namen von Darriet und Markowitsch, die ich beide gekannt habe –, so dass ich am Wahrheitsgehalt des Ganzen nicht zweifle. Außerdem sind die für dieses Konzert, an das ich mich nicht erinnere, ausgewählten Stücke genau diejenigen, die Zak von seinen Musikern gerne spielen ließ.

Aber wo hatte dieses Konzert stattgefunden? Das Programm, das Hajtmar mir schickte, erwähnt dieses Detail nicht. Es beschränkt sich auf die Benennung, in drei Sprachen, Tschechisch, Französisch und Englisch – ich zitiere die französische Version, da ich für die Genauigkeit der tschechischen nicht garantieren kann und die englische offenkundig unkorrekt ist: »Jazz Concert in the deleberated (sic) Buchenwald«, steht hier ganz unbefangen –, in Französisch also: »Concert de Jazz dans le libre Buchenwald«.

Gut, aber wo genau?

Vielleicht auf dem Appellplatz. Dort, wo sich die Baracke der Arbeitsstatistik und das Gebäude des Krematoriums befand? Oder auf der entgegengesetzten Seite, wo sich die Kantine sowie das finstere Gebäude der Pferdehalle befanden, die, wie wir wussten, eine falsche Duschanlage barg, eine wahre Folterkammer, wo die Offiziere und Politkommissare der Roten Armee mit Genickschuss umgebracht wurden?

Oder vielleicht auch im großen Saal des Kinos, der, wie der Name besagt, ebenso für die sonntäglichen – überaus seltenen – Kinovorführungen vorgesehen war wie dafür, bei allzu schlechtem Wetter die Häftlinge zu versammeln, die zu irgendeinem Großtransport in die Außenlager Dora oder Ohrdruf oder an irgendeinen anderen tödlichen Bestimmungsort einberufen wurden?

Ich weiß es nicht, ich erinnere mich nicht mehr.
Im Übrigen sind mir die Dokumente, über die ich verfüge, deren ich mich sofort bedienen kann, um die Folge der Ereignisse bei der Befreiung Buchenwalds zu rekonstruieren, von keinerlei Nutzen. Keines dieser Dokumente weckt mein Gedächtnis oder frischt es auf: denn keines erwähnt dieses Jazzkonzert.
Für diesen 19. April 1945 beschränken sich diese Dokumente darauf, die Versammlung aller Überlebenden auf dem Appellplatz in Erinnerung zu rufen, die massive, begeisterte Billigung einer antifaschistischen Botschaft an die Öffentlichkeit der alliierten Länder, eine Botschaft, die in der parteiischen Historiographie Ostdeutschlands als »Schwur von Buchenwald« bekannt ist; ein von den deutschen kommunistischen Führern des bis dahin illegalen Internationalen Komitees inspirierter Text.
So stoße ich auf eine Menge Details in diesem »Schwur« vom 19. April, aber keines über das Konzert der Jazzband von Jiří Zak, das am selben Tag stattfinden sollte.
Dabei sind die mir zugänglichen Dokumente diverser Herkunft keineswegs unerheblich. Ganz im Gegenteil! Zwar erwähnen sie das Konzert vom 19. April nicht, aber wenn ich sie abermals prüfe, bringen sie mich zum Träumen.
Ein Bericht setzt sich von selbst fest, eine Art narrativer Nebel, der mögliche Fiktion und historische Wahrheit mischt.

Könnten Egon W. Fleck und Edward A. Tenenbaum Personen dieses Berichts sein?

Sie verdienen es.
Sie verdienten den privilegierten Status von Romanfiguren, deren Wahrheit sich nicht anfechten lässt. Wer wäre so vermessen oder so borniert arrogant, beispielsweise die Existenz von Fabrice del Dongo zu bestreiten? Oder von Julien Sorel? Das gleiche Abenteuer könnte Fleck und Tenenbaum widerfahren: beide besitzen die für Romanfiguren erforderlichen Eigenschaften.
Es würde genügen, sich dafür zu entscheiden. Es würde genügen, sich die Wahrheit einer Fiktion anhand von Dokumenten der Realität vorzustellen.
Egon W. Fleck und Edward A. Tenenbaum sind die ersten Amerikaner, die in die Umgebung von Buchenwald gelangten, in die Umzäunung des Lagers selbst vordrangen, am 11. April 1945 um 5 h 30 p. m.
Fleck war Zivilist, und aus keinem der mir zur Verfügung stehenden Dokumente kann ich ersehen, warum er hier auf dem Ettersberg war, in einem Armeejeep, zusammen mit Tenenbaum, der dagegen alle Gründe hatte, hier zu sein, denn er war Oberleutnant.
War Fleck Journalist? Ein mit irgendeiner speziellen Mission beauftragter Zivilist? Wie dem auch sei, auch wenn wir sonst nichts über sie wissen, nichts über ihr persönliches Leben, sie waren die ersten Amerikaner, die auf der Zufahrtsstraße zum Lager Buchenwald fuhren.
Also sprechen Sie diese jüdischen Namen aus, wiederholen Sie sie und halten Sie Ihre Tränen zurück, halten Sie Ihr Lachen zurück, Tränen und Lachen der Rührung, jubelnder Fröhlichkeit, wenn Sie diese listige Rache der Geschichte konstatieren, diesen ungeheuren Witz, dieses

ontologische Schnippchen: Fleck und Tenenbaum, amerikanische Juden, an der Spitze der 3. Armee von Patton, die im Jeep zum Nazilager Buchenwald fuhren!
Man hätte nicht gewagt, es in einem Roman zu erfinden.
Aber man kann ihren Bericht in den amerikanischen Staatsarchiven finden unter der Nummer RG 331, SHAEF G-5, Akte 10: Bericht vom 24. April 1945 mit der Überschrift: *Buchenwald: A Preliminary Report*.
Darin ist folgender Abschnitt zu lesen:
»Wir bogen auf eine Hauptstraße ein und sahen Tausende zerlumpter, verhungert aussehender Männer, die in geordneten Reihen nach Osten marschierten. Die Männer waren bewaffnet und hatten Führer an ihrer Seite. Manche Einheiten hatten deutsche Gewehre, andere trugen auf den Schultern Panzerfäuste ...«, Fleck und Tenenbaum verwenden das deutsche Wort für Bazooka, das ein universell gewordenes amerikanisches Wort für eine Antipanzerwaffe ist, für die es keine französische Bezeichnung gibt, »... andere trugen Handgranaten. Es waren die Insassen von Buchenwald, die in den Krieg marschierten, während unsere Panzer mit 40 Stundenkilometern vorbeirollten ...«
Und jetzt wird es romanhaft.
Denn jetzt tauche ich in diesem Bericht auf. Ich meine: die konkrete Möglichkeit meines Auftauchens ergibt sich genau an dieser Stelle des Berichts von Fleck und Tenenbaum, an dieser Kurve der Hauptstraße von Buchenwald nach Weimar.
Denn ich war wirklich dort, unter den Häftlingen, die eine Panzerfaust, oder eine Bazooka, trugen.

Und ebendieses Eindringen des Realen macht den Bericht der beiden Amerikaner so romanhaft. Ich bin das Reale, stellen Sie sich vor! An jenem Tag bin ich zwanzig Jahre alt, der Tod entfernt sich langsam von mir. Es ist mein konkretes Erscheinen in Fleisch und Blut (wenig Fleisch vermutlich, viel Knochen: sie haben es notiert, die beiden schlauen Burschen, natürlich in Englisch! Sie haben über uns geschrieben: »hungry-looking men«), es ist das gespenstische, aber gebieterische Hervorbrechen des Realen, das den Bericht von Fleck und Tenenbaum plötzlich so romanhaft macht.
Gewiss, sie haben mich nicht gesehen, haben mich zumindest nicht erkannt in der Menge der Häftlinge in Kampfformation auf der Straße nach Weimar. Wie hätten sie es auch tun können? Auch ich habe es in meinem Blickfeld nicht isoliert, nicht auf der Retina des Gedächtnisses festgehalten, das Bild dieses Jeeps, der am 11. April am frühen Nachmittag zu dem monumentalen Eingang von Buchenwald fuhr.
Aber ich war da.
Ich kann bestätigen, dass sie sehr wohl gesehen haben, was sie betrachteten, auch wenn wir uns nicht selbst gesehen haben. Ich kann die Kehrseite ihres Berichts erzählen, die andere Seite des Erlebens, und damit diesem Ereignis eine romanhafte Wahrheitsdimension verleihen, diesem Zeugnis, das sich sonst wahrscheinlich verflüchtigt hätte; bestenfalls im Staub der Archive vergraben wäre.
Denn ich war da, unter den bewaffneten Häftlingen. Und ich trage eine Bazooka auf der Schulter.
»Panzerfaust«, sagen Fleck und Tenenbaum seltsamerwei-

se. Dabei schreiben sie in Englisch, was logisch ist und sich von selbst versteht, da es ihre gewöhnliche Sprache ist. Jedenfalls ihre militärische Sprache. Ihnen stand folglich das Wort »Bazooka« zur Verfügung. Ein amerikanisches Wort, dessen Herkunft, dessen Etymologie ich nicht kenne, das jedoch universell geworden zu sein scheint, um diese individuelle Waffe zu bezeichnen.

Und zweifellos ist die Tatsache, das deutsche Wort zu benutzen, letztlich nicht ohne Bedeutung. Vielleicht wirft es einiges Licht auf das frühere Leben von Fleck und Tenenbaum. Wenn ihnen spontan das Wort »Panzerfaust« in die Feder fließt, auch wenn sie englisch schreiben, dann vielleicht deshalb, weil diese amerikanischen Juden, was immer ihr persönlicher Lebensweg gewesen sein mag, deutsch-jüdischer Abstammung waren, was die Natürlichkeit erklären würde, mit der sie zu dem deutschen Wort »Panzerfaust« greifen.

»Poing antichar«, in wörtlicher Übersetzung. Aber es stimmt, Bazooka braucht keine Übersetzung!

Sollte dies tatsächlich der Fall sein, sollten Fleck und Tenenbaum amerikanische Juden deutscher Abstammung sein, dann wären sie in allen Punkten Oberleutnant Rosenberg ähnlich – Albert G. Rosenberg –, der einige Tage nach ihnen in Buchenwald eintraf, genau am 16. April: Genauigkeit schadet der Romanhandlung nicht! Ein amerikanischer Oberleutnant, dem ich viel verdanke, mit dem ich in meinem ganzen Schriftstellerleben auf die eine oder andere Weise viel zu tun hatte und der in meinem Bericht bald auftauchen wird.

Wie dem auch sei, ich war tatsächlich da, auf der Hauptstraße nach Weimar, unter den Häftlingen in Waffen und in Lumpen. Fleck und Tenenbaum haben, beeindruckt, die Szene in ihrem Vorläufigen Bericht vom 24. April 1945 beschrieben. Ich habe ihn oben auf die Schnelle übersetzt, ebenso gut kann ich die Originalversion anführen.

»We turned a corner onto a main highway and saw thousands of ragged, hungry-looking men, marching in orderly formations, marching East. These men were armed and had leaders at their sides. Some platoons carried German rifles. Some platoons had panzerfausts on their shoulders. Some ›potato masher‹ Hand grenades. They laughed and waved wildly as they walked ... These were the inmates of Buchenwald, walking out to war as tanks swept by at 25 miles an hour ...«

Gewiss, wir waren nicht Tausende. Wir waren ein paar Hundert bewaffnete Häftlinge. Fleck und Tenenbaum glauben Tausende, »thousands«, gesehen zu haben, aber das ist sicherlich der Überraschung, der Aufregung geschuldet.
Einer im Übrigen geteilten Aufregung, zwangsläufig.
Sie haben es notiert, unsere beiden Helden eines möglichen Romans. »Sie lachten und machten im Gehen wilde Bewegungen«, sagen sie über uns. Und das ist bestimmt wahr. Versetzen Sie sich in unsere Lage: wir verließen die Hölle der letzten Tage von Buchenwald; die Razzien der entfesselten und zugleich verängstigten SS-Leute, die

auf das Lager losgelassen wurden, um zu versuchen, uns auf dem Appellplatz zu versammeln, mit Kolbenhieben und Schlagstöcken und manchmal mit Schüssen, im Hinblick auf eine Evakuierung, der die illegale Selbstverteidigungsorganisation einen passiven, aber entschlossenen Widerstand entgegensetzte.

Nur die Verantwortlichen der polnischen Gemeinschaft, die mit dieser Direktive nicht einverstanden waren, hatten ihren Landsleuten den Befehl gegeben, die Evakuierung zu akzeptieren, denn sie meinten, dass die SS-Garnison das Lager zerstören und die Überlebenden am Ende vernichten würden. Eine Meinung, die sich durch die Ankunft mehrerer Flammenwerfer-Kompanien der SS in den letzten Tagen zu bestätigen schien.

Außerdem waren die Militärführer der polnischen Organisation der Meinung, dass die Überlebenschancen bei einer Massenflucht auf den Landstraßen des Exodus bei der Evakuierung deutlich höher wären. Sie hatten sich für dieses Risiko entschieden, statt innerhalb des Lagers auf einen, wie sie glaubten, von vornherein verlorenen Kampf zu warten.

So hatten sich, drei oder vier Tage vor der Ankunft von Fleck und Tenenbaum als Vorposten der Stoßtruppen von Patton, die Polen zur vorgesehenen Stunde auf dem Appellplatz versammelt.

Die Offiziere der SS-Garnison, die den Evakuierungsplan leiteten, mochten von zwei bezeichnenden Details beeindruckt sein.

Erstens waren die versammelten Polen jung, rüstig, scheinbar bei guter Gesundheit. Die Chefs der polnischen

Gemeinschaft hatten die Alten, Kranken, Ruinierten zurückgelassen. Zweitens hatten die auf dem Appellplatz massierten Polen nichts bei sich, trotz der Genehmigung der Nazis, ein wenig Gepäck mitzunehmen. Vielleicht einen Kanten Brot in ihren Taschen, mehr nicht.

Schulter an Schulter, den Blick ins grünende Laub des Waldes ringsum gerichtet, waren sie leicht, frei in ihren Bewegungen, fast fröhlich. Zu allem bereit, zum Kampf, zur Flucht, zum verzweifelten Lauf, die Muskeln gespannt zum Losstürmen, zum Sprung nach vorn, in den nahen Wald, seinen schützenden Schatten: in die Freiheit.

Aber wir, Franzosen, Russen, Deutsche, Spanier, alle Überlebenden Europas – außer den Polen, ich sagte soeben, warum –, alle, die den Direktiven des illegalen Militärkomitees gefolgt waren, in Lumpen, in Waffen, »hungry-looking«, wie Fleck und Tenenbaum schrieben, ausgehungert, wir marschierten in geschlossenen Reihen gen Weimar, die Stadt, deren Namen für manche von uns so viele Dinge wachrief.

Jedenfalls erzählen die beiden Amerikaner, die diesen Bericht verfasst haben, auch wenn sie sich über die Zahl der bewaffneten Häftlinge täuschten, da sie Tausende zu sehen meinten, während wir nur ein paar Hundert waren – schon ungewöhnlich genug, kein Grund zu übertreiben! –, jedenfalls erzählen sie die Wahrheit: sie haben wirklich das Wesentliche gesehen.

Mit fachmännischem Blick haben sie die Bewaffnung dieser merkwürdig zerlumpten, überraschend mageren Einheiten erkannt. Sie haben die Gewehre gesehen, die Handgranaten und die Bazookas, die sie »Panzerfaust« nennen.

Und ich gehörte zu einer dieser mit Bazookas bewaffneten Einheiten, da man dieses Antipanzergerät – einen tragbaren Raketenwerfer – schließlich mit seinem amerikanischen Namen bezeichnen muss.
Die mit Bazookas bewaffneten Kampfgruppen – Fleck und Tenenbaum entging dieses Detail notgedrungen – waren die zweite Angriffswelle des militärischen Apparats der Buchenwald-Häftlinge, die beauftragt waren, die Wachtürme entlang des elektrischen Stacheldrahtzauns und das gedrungene Gebäude des Lagereingangs unter Kontrolle zu bringen.
In der ersten, mit Gewehren und Maschinenpistolen bewaffneten Welle befanden sich nur versierte Kämpfer mit eindeutiger Militärerfahrung. Die meisten von ihnen gehörten zu den ehemaligen internationalen Brigaden des Spanischen Bürgerkriegs. Franzosen des 14. Bataillons, unter ihnen mein Kumpel Fernand Barizon. Deutsche des Thälmann-Bataillons, Italiener des Garibaldi-Bataillons. Und so weiter. Was die Polen des Dombrowski-Bataillons betrifft, so begleiteten sie die jungen Maquisards, die sich freiwillig auf die Straßen der Evakuierung begeben hatten.
Um diesen Kern von Brigadisten gab es Kämpfer aus ganz Europa: Überlebende aus den Glières oder dem Vercors, Überlebende der Guerilla in den Bergen der Slowakei, den Wäldern der Karpaten, den russischen Weiten.
Die zweite Welle waren wir, die Träger von Bazookas.
Gewiss, zu Beginn der Operation, als die illegalen Stoßtruppen, an verschiedenen Orten des Lagers konzentriert, die bisher versteckten Waffen in Empfang genommen

hatten; als sie den Befehl erhalten hatten, die Wachtürme zu stürmen – und jede Einheit kannte ihren Weg, ihr Ziel; jeder Kämpfer wusste, wie viele Minuten er brauchte, um das ihm zugewiesene Ziel zu erreichen: alles war minutiös wiederholt worden, jede Strecke, jede Bewegung, jedoch ohne Waffen, zwangsläufig, inmitten der anonymen, niedergeschlagenen Menschenmenge der Sonntagnachmittage –, in dem Augenblick also, in dem die Kampfgruppen losstürmten, gab es nicht für jeden von uns eine individuelle Waffe, Bazooka, Gewehr oder Maschinenpistole. Wenn ich mich recht erinnere, gab es wohl pro Zehnergruppe höchstens zwei Waffen.

Die acht anderen, unbewaffneten, stürmten mit der gleichen Energie los, bereit, die Waffen der Toten und Verletzten aufzusammeln, bereit, sich in den Depots der SS-Kasernen zu bewaffnen, die wir verlassen anzutreffen hofften.

Und das war tatsächlich der Fall. Dort fanden wir genügend Waffen, um uns vollständig auszurüsten, bevor wir nach Weimar marschierten auf der in den Buchenwald geschlagenen Straße, wo wir, ohne es zu wissen, dem Jeep von Egon Fleck und Edward A. Tenenbaum begegneten.

Doch das hat nicht lange dauern können: diese Begegnung ist notgedrungen flüchtig gewesen.

Für sie dauerte es den kurzen Moment, in dem sie einen überraschten, aber aufmerksamen, zweifellos ergriffenen Blick auf diese Hunderte von zerlumpten, ausgehungerten, plötzlich aufgetauchten bewaffneten Kerle warfen, die in geschlossenen Reihen, von Führern begleitet, nach

Osten marschierten – in Wirklichkeit zur Stadt Weimar –, und gleich darauf hatten Fleck und Tenenbaum sich wohl entfernt, und ihr Jeep war zum Eingang von Buchenwald weitergefahren.
Haben sie laut kommentiert, was sie gerade gesehen hatten? Haben sie sich nach der genauen Art, der wahren Herkunft dieser bewaffneten Einheiten gefragt?
Das ist sehr gut möglich, sogar nahezu sicher.
Ich weiß nichts, so gut wie nichts über diese beiden Amerikaner. Unter anderen Umständen, in einem anderen Alter meines Lebens wäre es nicht undenkbar gewesen, eine gründlichere Erkundung der Akten vorzunehmen, eine Arbeit der Suche nach eventuellen überlebenden Zeugen, um das frühere Leben des Zivilisten Fleck und des Oberleutnants Tenenbaum in Erfahrung zu bringen. Ihr Leben bis zu diesem 11. April 1945: ihre Kindheit, ihre Studien, ihre Jugendlieben, ihr Verhältnis zu ihrem eigenen Judentum und so weiter.
Aber diese Recherche kann ich nicht leisten, ich entschuldige mich dafür. Ich muss mich mit den mageren Informationen begnügen, die ich besitze, mit den wenigen mir zugänglichen Dokumenten, besonders ihrem *Preliminary Report* vom 24. April 1945.
Darin werde ich nichts über Fleck erfahren. Nur dass er Zivilist ist, sonst nichts. Aber warum ist er da? Welche Rolle spielt er? Hat er eine besondere Mission?
Dagegen lässt sich die Persönlichkeit von Tenenbaum zum Teil entschlüsseln. Sein Berufsprofil zeichnet sich besser ab.
Denn Oberleutnant Edward A. Tennenbaum war Offi-

zier des militärischen Nachrichtendiensts in der Kriegspropagandaeinheit des Hauptquartiers der 12. Heeresgruppe unter der Führung von General Omar N. Bradley.
Wir wissen kaum mehr über ihn, aber das genügt.
Es reicht aus, um sich ihren Dialog, ihre erregten, ergriffenen Überraschungsrufe vorzustellen, als sie, beim Einbiegen in die zum Eingang von Buchenwald führende Straße, die Einheiten der bewaffneten Häftlinge erblickten.
Denn etwas steht fest.
Als sie gemeinsam, da sie ein Team bildeten, auch wenn wir nicht wissen, warum, mit der Vorhut der amerikanischen Armee in die Tiefen Deutschlands eindrangen, werden Fleck und Tenenbaum schon mehr oder weniger bedeutende Lager gesehen haben, die von dieser Vorhut befreit worden waren. Sie werden bereits ausgehungerte Männer, »hungry-looking men«, gesehen haben, die sie wahrscheinlich mit erloschenem, verwüstetem, tödlichem Blick beobachteten, Überlebende. Sie werden die absolute Apathie der Überlebenden bemerkt haben, die nichts mehr vom Leben verlangten, sich bereits diesseits jeglichen Überlebens befanden.
Aber noch nie werden sie bewaffnete Häftlinge gesehen haben.
Zwar waren wir ausgehungert, taumelten, hatten vermutlich hervorquellende Augen, aber wir waren bewaffnet; sie mit wilder Freude zur Schau stellend (ich greife die Termini ihres vorläufigen Berichts auf). Waffen – Gewehre, Bazookas, Handgranaten –, seit Jahren heimlich gesammelt, eine nach der andern, manchmal in Einzeltei-

len, für diesen denkwürdigen Apriltag aus ihren Verstecken geholt. Waffen, die nicht nur die wiedergefundene Freiheit symbolisierten, sondern weit mehr noch eine zurückeroberte Würde.
Man kann verstehen, dass Fleck und Tenenbaum, amerikanische Juden, im Begriff, die Verbrechen des Nazismus zu entdecken, insbesondere die Ausrottung ihres Volkes, man kann verstehen, dass sie erschüttert waren, als sie die bewaffneten Einheiten der Häftlinge von Buchenwald sahen.
Es war das erste Mal, dass sie so etwas sahen: bewaffnete Häftlinge, ausgelassen fröhlich, »they laughed and waved wildly as they walked … These were the inmates of Buchenwald, walking out to war as tanks swept by at 25 miles an hour …«
Sie müssen Freudenrufe ausgestoßen haben, unsere beiden Figuren eines zu schreibenden Romans. Man kann sich ihre Schreie vorstellen, ihren Dialog, als sie dieses unerhörte Schauspiel entdeckten.
Unsererseits hatten wir diesen Jeep nicht bemerkt. Jedenfalls ich habe ihn nicht bemerkt.
Wir sind uns begegnet, das ist alles, aus den Augen, aus dem Sinn.

Hinweis des Verlags

Überlebensübungen ist ein unvollendeter Text. Jorge Semprun arbeitete daran, als die Krankheit ihn am Weiterschreiben hinderte.

In Gesprächen mit Franck Apprederis für die Realisierung des Dokumentarfilms *Empreintes: Jorge Semprun*, der 2010 fertiggestellt wurde, erklärte er, er beginne gerade ein Buch, das »als Fortsetzung konzipiert« sei:

Es wäre schwierig, auf eine Phase meines Lebens zu stoßen, in der ich nicht an irgendetwas arbeite, weil Schreiben zu meinem Lebensinhalt gehört, um das Leben zu akzeptieren, wie es ist. Also bin ich gerade dabei zu arbeiten. Aber vielleicht an zu vielen Plänen gleichzeitig. Zwei sind grundlegend: ein »wahrer« Roman, nun ja, eine Geschichte, in der alles wahr wäre, weil ich alles erfunden hätte, außer der Geschichte des 20. Jahrhunderts im Hintergrund. Und dann eine Reflexion, die die autobiographischen Themen aufgreifen soll, die ich bereits zur Sprache gebracht habe, jedoch »systematischer«. Dieses Buch wäre als Fortsetzung konzipiert. Es könnte ein, zwei, drei, vier Teile umfassen, alle mit demselben Titel: *Überlebensübungen*, ein Buch, in dem ich das Leben, mein Leben, dem Thema entsprechend rekonstruiere. Der erste Teil ist praktisch fertig und handelt von der Erfahrung der Résistance und meiner Jugend. Über das Thema, mit dem er sich verbindet, habe ich bisher sehr wenig gesprochen, hier aber behandele ich es vor dem Hintergrund des eigenen Erlebens wie der Reflexion: Es handelt sich um die Folter.

Hier also der erste Teil dieses nach Jorge Sempruns Worten »unendlichen Buchs«.

Anmerkungen

S. 14: Patrice de La Tour du Pin (1911-1975), *Die schlafende Laurence*: »Auf ihren Füßen dieser Geruch nach Narzisse und Minze, / Denn sie berührten leichten Schrittes / Die aufgebrochenen Blüten der Frühlingsnächte, / Mit seinen ruhenden Wogen erfüllt er mein ganzes Herz / Und vielleicht, sehr fern auf ihren glatten Beinen, / Noch zitternd von der Liebkosung des hohen Grases, / Dieser Pflanzenduft, der aufsteigt, wenn ich / Deine von Tau und Regen bespritzten Strümpfe ausziehe ...«

S. 48: Marschall Turenne (1611-1675) vor einer Schlacht: »Du zitterst, Gerippe, aber wie würdest du erst zittern, wenn du wüsstest, wohin ich dich jetzt bringe.«

S. 76: »Ich habe mehr Erinnerungen ...«, Baudelaire, Spleen LXXVI, *Die Blumen des Bösen.*

Abkürzungen

AS	Armée secrète
BCRA	Bureau central de renseignement et d'action
DAW	Deutsche Ausrüstungswerke
FNAC	Fédération nationale d'achats
FTP	Franc-tireurs partisans
MOI	Main d'œuvre immigré
PC	Parti communiste
PCE	Partido communista español

Inhalt